Nelma Penteado

Mulher

Diamante

VOCÊ FELIZ, PODEROSA e REALIZADA

na sua melhor versão em todas as áreas da vida

Principis

Esta é uma publicação Principis, selo exclusivo da Ciranda Cultural
© 2022 Ciranda Cultural Editora e Distribuidora Ltda.

Texto
© Nelma Penteado

Preparação
Luciana Garcia

Revisão
Fernanda R. Braga Simon

Diagramação
Linea Editora

Produção editorial
Ciranda Cultural

Design de capa
Ana Dobón

Imagens
RANI ICON/shutterstock.com;
woodpencil/shutterstock.com;
Sudowoodo/shutterstock.com;
ved prakash sharma/shutterstock.com;
bsd studio/shutterstock.com;
Zsschreiner/shutterstock.com;
fotografia da capa: Neusa de Souza

Dados Internacionais de Catalogação na Publicação (CIP) de acordo com ISBD

P419m	Penteado, Nelma
	Mulher diamante: Você feliz, poderosa e realizada na sua melhor versão em todas as áreas da vida / Nelma Penteado. - Jandira, SP : Principis, 2022.
	128 p. 15,50cm x 22,60cm.
	ISBN: 978-65-5552-734-6
	1. Literatura brasileira. 2. Mulheres. 3. Crescimento. 4. Autoconhecimento. I. Título.
	CDD 869.8992
2022-0471	CDU 821.134.3(81)-34

Elaborado por Lucio Feitosa - CRB-8/8803

Índice para catálogo sistemático:
1. Literatura brasileira : Romance 869.8992
2. Literatura brasileira : Romance 821.134.3(81)-34

1ª edição em 2022
www.cirandacultural.com.br

A Deus

Força que me sustenta em todos os momentos,
iluminando meus caminhos...

Sumário

APOIADORES OURO

Domingos da Veiga	OUSEUSE
Fabiana de Cássia	Vânia Plaza

APOIADORES PLATINUM

Catarina Mendonça	Gisleine Paulino	Renata Zambelli
Christiane Rabelo	Helen Coleoni	Shirley MacLaine
Fernanda Formiga	Joslaine Rampazo	Stella Melo
Fernanda Totti	Leia Guerra	Yeda Venturini
Gisele Lana	Paula Pinto	Zuzu
Graciema Freitas	Raquel De Lollo	

Agradecimentos

São milhões de pessoas para agradecer, literalmente. Então agradeço com muito amor no coração a:

■ MEUS PAIS

Que lutaram pela minha felicidade a cada segundo da minha vida e que foram os melhores pais do universo: ZILDA PENTEADO e ISMAEL PENTEADO.

■ MEUS IRMÃOS

Superqueridos, que amo tanto: TELMA, SELMA, ISMAEL e SAMUEL.

MEUS FILHOS

Se alguém pudesse dar a lista do que seria um filho perfeito e maravilhoso, tenho certeza de que ainda não chegariam nem perto de tudo o que meus filhos são para mim. Razão da minha existência e da vontade de fazer tudo nesta vida: CAROLINE e ARTHUR.

MEUS AMANOS

Amanos são aquelas pessoas que são mais que amigos: são uma mistura de amigos com irmãos. Amigos + Manos. Que estão com você em todas as horas boas ou ruins: GENINHO GOES, NEUSA SOUZA, SUZY e ARNALDO, MARCIA ORTEGA.

MINHA EQUIPE nota mil

Esta é a melhor equipe do planeta: ARTHUR PENTEADO, LIDIANE SMARRA e JANE VASCO DA SILVA.

MINHA SÓCIA

Sem a dedicação dela, muitas vezes a caminhada não seria possível: CAROLINE PENTEADO.

MEU AMOR

Homem da minha vida, vento forte que impulsiona minhas asas. Porto seguro e refúgio nas tempestades do cotidiano, que decidiu partilhar comigo um relacionamento cheio de amor, carinho, tesão, paixão, loucura e romance.

VOCÊ QUE ME ACOMPANHA NAS REDES SOCIAIS, VOCÊ QUE É MINHA ALUNA *ON-LINE*, VOCÊ QUE JÁ PARTICIPOU DOS MEUS CURSOS E DAS PALESTRAS PRESENCIAIS

Aqui são milhões de pessoas, e esse número cresce a cada dia. Incluo também você, que está lendo este livro agora. Gratidão pelo carinho.

MEU EDITOR

DONALDO BUCHWEITZ, CEO da Ciranda Cultural. Aqui todo o meu agradecimento por abraçar a ideia de lançar este livro. A honra que sinto é imensa.

TODAS AS PESSOAS QUE CRUZARAM MINHA TRAJETÓRIA DE VIDA

Você, que de alguma forma cruzou meus caminhos trazendo--me o bem, sinta-se muito reconhecido(a) agora, pois você faz parte da minha vida e agradeço tudo de bom que possa ter feito para mim, seja em palavras, seja em gestos ou atitudes. Que Deus abençoe você.

Prefácio

Procurei reunir os melhores tópicos de tudo o que desejo para que as mulheres sejam felizes nos principais pilares de sua vida.

Acredito que cada um vem ao mundo com uma missão, e a minha foi realmente mudar vidas por meio das minhas palavras. Creio que eu faça isso desde que me entendo por gente, mesmo sem querer.

As pessoas, quando se aproximam de mim, têm uma vontade e facilidade enorme de partilhar comigo suas dores, temores e vontade de ser feliz.

E a partir daí comecei a falar sem medo para as mulheres sobre sexualidade, autoestima, empoderamento feminino e coisas que há trinta anos ninguém ousava falar.

Com isso mudei a história da mulher brasileira e inspirei e inspiro várias mulheres a seguir meus passos ensinando também.

"Olá! Eu vim aqui para ouvir você!"

Essa frase foi dita há quase trinta anos, quando abri a porta do meu instituto de depilação naquele dia, em mais uma jornada de trabalho.

"Como?"

"Eu vim aqui para ouvi-la porque você salvou o casamento da minha irmã!"

O dia inteiro fui recebendo pessoas, e cada uma com um motivo diferente:

"Vim ouvir você porque tirou minha prima da depressão!"

"Vim ouvir você porque quero aprender sobre sexualidade!"

A partir daí, meu instituto de depilação se transformou, de forma pioneira, em um Instituto de Cursos e Palestras para Mulheres, e lá se vão trinta anos de jornada, incontáveis mudanças de vida, milhões de pessoas atendidas, e agora você, que lê estas linhas, interessada no que tenho para mostrar.

A responsabilidade é grande, mas a vontade de mudar sua vida para melhor por meio das minhas palavras, também.

Então espero que curta de coração o que está escrito aqui e, acima de tudo, pratique.

Encontro você depois nas redes sociais ou presencialmente.

A partir de agora, você é uma **MULHER DIAMANTE**.

Um grande beijo!

Minhas redes sociais

@nelmapenteado

Nelma Penteado – Mulher Diamante

www.nelmapenteado.com.br

@nelmapenteado1

Ícones

Gosto muito de utilizar ícones em meus livros para que a pessoa possa abrir em qualquer página e identificar rapidamente o assunto ali contido. Além do que fica muito mais divertido você procurar seus assuntos pelo ícone em dias em que deseja fazer uma leitura aleatória, procurando mensagens para o foco que pretende naquele momento. Afinal, nós, mulheres, às vezes estamos mais interessadas no nosso lado espiritual, outras vezes é o lado profissional que grita, outras vezes é o lado afetivo que precisa de atenção, e assim por diante.

Então seguem os ícones que guiarão você, querida Diamante, nesta jornada de autodescoberta e transformação. Para mim é uma honra ser sua mentora nesse caminho.

 **VIDA PROFISSIONAL** – Ensinamentos para você ter muito mais sucesso em sua vida profissional

 **VIDA ESPIRITUAL** – Sucesso verdadeiro para mim é ter paz de espírito. Encontrei alguns caminhos para isso, que partilho com você agora

 **VIDA PESSOAL** – Para uma vida pessoal cheia de equilíbrio e harmonia, conheça minhas ideias

 **VIDA AFETIVA** – Quem disse que é fácil? Porém, com as atitudes certas, tudo é possível

 **VIDA SEXUAL** – Pode dar certo, sim!

VIDA
PROFISSIONAL

Ensinamentos para você ter muito mais sucesso em sua vida profissional

Se eu pudesse lhe dizer uma palavra que fizesse a diferença na sua vida profissional para melhor (seja qual for sua vida profissional), essa palavra seria: ALEGRIA.

Está mais do que provado que depressão mata e alegria cura.

Na prática, não é fácil administrar a vida de forma leve em um mundo competitivo, em que vencer ou vencer é a lei que impera.

Se adicionar a isso trânsito caótico, pandemia, problemas financeiros, concorrência, insatisfação no trabalho, estresse e tudo o mais, parece ser muito difícil ou quase impossível adicionar alegria e alto-astral em nosso dia a dia.

Porém esta é a chave mestra que muda tudo: como você escolhe fazer a gestão do seu dia a dia no trabalho. Os problemas virão com certeza, o trânsito continuará impossível, a concorrência aumentará, e seu saldo muitas vezes diminuirá, enquanto as contas se reproduzirão como coelhos. Mas só existem duas formas de enfrentar tudo isso: com depressão ou com alegria e alto-astral. A escolha sempre será sua.

Acredite em mim, pois já testei essa teoria centenas de vezes em minha vida: ter alegria e alto-astral ou ser depressivo e infeliz muitas vezes é uma escolha.

Tudo depende de você. Isso não significa ignorar os problemas que estão à sua frente, mas simplesmente enfrentá-los com fé em Deus, confiança e alto-astral.

Um dia eu estava tão sobrecarregada de desafios profissionais que fiquei cabisbaixa, sentada em uma cadeira. Alguém que não me lembro veio, colocou a mão no meu ombro e disse: "Você é guerreira! Vai sair dessa!".

Mas, cá entre nós, sabe quando você está cansada de ser guerreira? Quando justamente o que quer é que sua vida pare de parecer um ringue de luta MMA? Era assim que eu me sentia.

E eu tinha a esperança de que, quando acabasse aquele problema que eu estava enfrentando, poderia ter essa "tal alegria". Só que depois daquele vieram outros e outros, e percebi algo superimportante que mudou minha vida: *as transformações não ocorreriam com troca de emprego, cliente ou desafio profissional. As transformações ocorreriam com minha mudança de atitude diante de tudo isso!*

Por mais maluco que seja, resolvi agir de maneira diferente. Parei de desperdiçar meu precioso tempo sofrendo 24 horas por dia por problemas que já tinham acontecido, que estavam acontecendo ou que talvez aconteceriam futuramente.

Encarei meu cotidiano profissional com a paixão que eu tinha quando comecei minha jornada, fiz ajustes necessários, focados em bem-estar e felicidade para a pessoa mais importante do mundo, "EU", e então tudo começou a fazer mais sentido, tanto para mim como para minha equipe, e os resultados de um ambiente mais leve surtiram efeitos extraordinários.

ESCOLHA TRABALHAR MAIS FELIZ

Já fiz de tudo nesta vida: desde vender sanduíche na praia até palestrar para uma plateia com mais de 5 mil pessoas. Creio que todo trabalho é digno. Nem sempre é possível escolher um trabalho

que faça você realmente feliz. Mas isso pode demorar anos, e o seu tempo para começar a ser feliz foi ontem.

Então o melhor caminho para que você atinja paz de espírito e uma vida profissional de qualidade é parar de ficar sofrendo e lamentando pelo emprego que tem (deixe-me contar um segredo: Ebaaa, você TEM um empregoooo!) e simplesmente mudar a forma como encara seu trabalho.

Apague da sua mente que trabalho tem que ser sacrifício para você conseguir seu salário no final do mês. Viver assim é um martírio. Cada dia de trabalho será muito mais extenuante e frustrante, e aquelas oito horas vão parecer oitenta.

As pessoas dizem umas às outras: "Tenho que ir trabalhar!". O "tenho" significa que realizarão uma tarefa bem desagradável.

Entenda que trabalhar sem vontade não deixará você crescer nem evoluir profissionalmente. Se fica contando os minutos para o dia acabar e arrasta suas tarefas, os resultados só poderão ser medíocres.

Uma outra frase muito comum que ouço é: "Dou o sangue e ninguém reconhece meu trabalho!".

Sua empresa não é o conde Drácula. Ela não precisa do seu sangue. Precisa do seu talento, do seu empenho, da sua criatividade e da sua felicidade também, pois essa felicidade será contagiante para todos à sua volta.

Quanto ao reconhecimento, procure se fazer reconhecer. Não espere que os outros apontem seus resultados positivos. Volto a repetir: sua empresa não é vampiro nem tem bola de cristal!

VIDA PROFISSIONAL

Demonstre seus resultados positivos para as pessoas de maneira direta. Simples assim!

APOSTE EM SI MESMA

Uma pessoa que tem autoestima profissional possui confiança em si própria. Isso é notado a quilômetros.

A sua autoestima vem até antes da sua crença de que você é capaz de realizar alguma coisa. O importante é acreditar que fará o melhor, mesmo que não tenha tanta certeza de como fazer. Você aceita o desafio, acredita no seu potencial, tem fé em Deus, dá o melhor de si e aguarda os resultados.

Se existe algo referente a sucesso em que você deve acreditar, é: "Não existe sucesso sem autoestima e confiança. Eles andam juntos e atrelados".

Observe pessoas vencedoras em qualquer campo. Poderá constatar que muitas delas não são necessariamente as melhores, as mais brilhantes, mais rápidas ou mais fortes. Descobrirá que são aquelas com maior autoestima.

Pessoas assim têm persistência naquilo que desejam alcançar. Não se deixam abalar por erros, desânimos nem desistem no meio do caminho.

Pessoas com autoconfiança superam obstáculos com mais facilidade, não se lamentam por qualquer coisa nem colocam a culpa no mundo justificando seus erros e fracassos. Elas pensam, mudam

estratégias e nunca se desviam do foco principal de sua vida, que é principalmente ter paz e felicidade.

Mas essa autoestima deve vir acompanhada de disciplina para aprender, treinar e se empenhar naquilo que se propõe a fazer.

Um bom caminho para desenvolver essa autoestima também é aprender a agradecer o que tem à sua volta: seu emprego, as pessoas que trabalham com você, seu cargo e tudo o mais que o cerca. Olhe ao seu redor com olhos de agradecimento, veja quantas coisas boas acontecem em sua vida neste exato momento e agradeça por isso. Você está respirando de modo certo? Só isso já é um fato grandioso para agradecer hoje em dia.

A partir do momento em que começar a olhar em volta com "olhos de agradecimento", muitas coisas boas acontecerão.

VAI ESPERAR ATÉ QUANDO?

Lembre-se: só pensar não adianta nada!
É preciso atitude!

Às vezes ficamos sonhando com um cargo melhor, uma empresa melhor, uma remuneração melhor, e assim por diante. Em vez de sonhar, pensar e reclamar, pergunte-se como fazer as coisas darem mais certo para você e defina estratégias melhores para atingir seus objetivos.

Porém, para começar qualquer coisa (desde um novo trabalho, aquela academia que você adia, a gaveta ou o guarda-roupa que você jura que um dia vai arrumar), é preciso mergulhar de cabeça na atitude de dar o primeiro passo.

Você não chegará a lugar algum se insistir naquela ideia: "Quando eu estiver com mais energia e vontade, começo tal coisa…".

Deixe-me contar algo que aprendi: a energia e o entusiasmo virão no momento em que você estiver AGINDO, e não sonhando, pretendendo ou pensando.

Estou quase ouvindo você dizer: Mas, Nelma, e se eu não estiver preparada para começar?

Amada, existe alguém realmente preparado neste mundo? Em todas as ocasiões? Com todas as respostas na ponta da língua? Com certeza, não! Nem o empresário mais brilhante do planeta sabe o que vai acontecer daqui a cinco minutos.

Então, se esperar tudo estar 100%, você não começará nunca. Comprometa-se com seu destino, dê o primeiro passo sem esperar as respostas e todas as garantias. As oportunidades se revelarão no caminho, pode ter certeza.

Não tenha medo de ter medo. Li uma frase incrível que dizia: "Coragem não é a ausência de medo! Coragem é agir apesar do medo!".

Na pior das hipóteses, diante de uma decisão, pergunte-se: o que de pior poderá acontecer? O que de melhor poderá acontecer?

Avalie suas respostas, acalme seus temores, encha-se de autoconfiança e atitude e vá à luta.

Pode apostar que, no meio do caminho, você perceberá oportunidades que nunca teria enxergado se ainda estivesse "se lamentando sentada no sofá".

ANTIPROPAGANDA NÃO TRAZ ALEGRIA

Muitas vezes você faz antipropaganda de si mesma o tempo todos e não percebe.

Só começará a perceber muito tempo depois, quando os danos causados já estarão lhe causando problemas.

"Nelma, mas por que eu tenho que me preocupar com isso?"

Imagine que você investiu todo o seu dinheiro, toda a sua vida e todo o seu esforço em um único produto, para que ele seja um sucesso. Pergunto: você faria para esse produto a melhor propaganda ou escolheria a pior propaganda?

Esse produto é VOCÊ! Então conheça agora algumas ferramentas para abrilhantar mais sua atuação neste palco que é a nossa vida.

ATITUDES QUE GERAM ANTIPROPAGANDA OU OUTROS PROBLEMAS

MÁ APARÊNCIA: Quer você queira, quer não, a boa aparência é um quesito indispensável. O pensamento é: se você é desleixada consigo mesma, será assim também com tudo o que se propuser a fazer. Mesmo que diga "É o meu jeito, gosto de ser assim!", na prática

não funcionará. Goste do seu jeito quando estiver em seu ambiente pessoal, mas, no palco da vida profissional, "o seu jeito desleixado" não funcionará tão bem.

Seu jeito de se vestir, de se cuidar, de cuidar da sua mesa de trabalho, do seu ambiente e da sua empresa afetam diretamente as pessoas que mantêm contato com você. Experimente observar sua mesa, seu ambiente de trabalho. Pergunte-se, caso fosse uma espectadora, o que sentiria ao observar as mesmas coisas. Cuide de sua aparência, e as pessoas cuidarão melhor de você pelo simples fato de você inspirar essa atitude nelas.

FALTA DE SORRISO: A roupa mais elegante, o perfume mais caro, o cargo mais alto não superam a desagradável sensação causada por um rosto fechado, tenso e severo. Mas você não tem noção do poder embelezador de um sorriso cordial, franco e aberto. Uma frase linda diz: "O sorriso é o caminho mais curto até o coração das pessoas"!

Um sorriso aquece o coração de quem o vê e transmite coisas positivas. Não desperdice esse poder.

FALTA DE INICIATIVA: Uma pessoa apática, desinteressada e ausente nunca causará uma boa impressão. O mundo da lua é para astronautas, e não para pessoas que desejam sucesso.

Pessoas que se oferecem para fazer coisas, que tomam a iniciativa e fazem acontecer são pessoas magnéticas e atraentes.

FALTA DE CONFIANÇA: Ninguém confia no que você diz, pois, geralmente, você diz uma coisa e age de outra maneira. Isso é péssimo.

Se não for por esse motivo, talvez as pessoas não confiem porque você mesma passa essa insegurança perante tudo o que faz, tudo o que diz.

Reavalie a forma como está se comunicando com as pessoas à sua volta e procure agir de forma que suas palavras e seus atos sejam dignos de confiança.

FALTA DE CUIDADO COM OUTRAS PESSOAS: Desprezo provoca desprezo. Se você não tem cuidado com as pessoas à sua volta, seja no falar, seja no cuidar, ao se relacionar, dificilmente causará admiração ou será bem-aceito no grupo em que convive.

Ter tato, educação, simpatia, interesse, respeito e sensibilidade com as pessoas fará maravilhas em sua vida.

FALTA DE FLEXIBILIDADE: Se você é aquela pessoa teimosa, que pensa que sabe tudo e que dita regras para que as coisas sejam feitas somente do seu jeito, certamente um dia acabará sozinha.

Saiba ouvir, interagir e relacionar-se com o mundo à sua volta. Compreenda que o mundo não gira ao seu redor e que, para fazê-lo girar, é necessário companheirismo, mente aberta, flexibilidade e bom senso.

COMUNICAÇÃO DEFICIENTE: As pessoas se ofendem e se magoam com uma simples palavra mal colocada. Grandes negócios muitas vezes não são fechados por falta de comunicação. Pequenos negócios, também. O poder da comunicação verbal é imenso. Cuide da forma como se comunica com as pessoas à sua volta.

Por mais que existam máquinas, computadores e toda a tecnologia do mundo, ainda nos relacionamos com seres humanos. Aprenda a se comunicar de forma construtiva e que gere bons resultados.

ORGANIZAÇÃO NA SUA VIDA PROFISSIONAL PARA UM RESULTADO MAIS FELIZ

Você já deve ter se encontrado naquela situação em que sua mesa de trabalho fica atulhada de coisas para resolver. O dia voa e parece que nada foi resolvido.

As gavetas nem são mais abertas, e do armário, então, você nem chega perto, com medo de que ele desabe na sua cabeça.

Então um belo dia você resolve terminar seu expediente arrumando sua mesa. Deixa tudo organizado, organiza também sua agenda de compromissos e metas profissionais e pessoais. No dia seguinte, dá até gosto de começar a trabalhar, e o trabalho é feito com novo ânimo.

Percebe então que, com tudo organizado, o trabalho flui melhor? Você encontra as coisas com mais facilidade e consegue até cumprir seus compromissos sem ter que arrancar os cabelos.

Porém, essa organização dura uns dez dias e, de repente, lá está você novamente planejando se organizar um dia, quando sobrar tempo.

Uma vida profissional com falta de organização é um caos.

Em vez de deixar tudo ficar abarrotado, procure reservar quinze minutos do seu dia para colocar as coisas em ordem. Se deixar

isso para o dia seguinte, a pilha parecerá maior, e as coisas se acumularão mais e mais, a ponto de um dia ser preciso chamar os bombeiros para lhe resgatar da sua pilha de papéis.

Organize-se hoje, pois esses quinze minutos valerão horas de um trabalho melhor e mais produtivo.

É importante demais organizar sua agenda também para que seus compromissos sejam cumpridos sem tirar seu sono.

Escolha colocar a palavra ALEGRIA em prática, conforme mostrei neste capítulo, e verá resultados surpreendentes no seu dia a dia profissional. Agora vamos falar de sua vida ESPIRITUAL!

VIDA
ESPIRITUAL

Sucesso verdadeiro para mim é ter paz de espírito. Encontrei alguns caminhos para isso, que partilho com você agora

1. SOMOS ASSIM!

Bonita, nós, mulheres, passamos na verdade por uma baita montanha-russa emocional. Somos mais propensas a ficar em depressão, mas, por outro lado, experimentamos emoções positivas de forma mais intensa, como alegria e momentos de felicidade. Então, na balança do emocional, isso parece compensar um pouco os momentos de depressão. Um pouco porque, verdade seja dita, depressão mata! Conheci, ao longo da minha jornada, várias mulheres que morreram tanto fisicamente de depressão como mentalmente (que é quando a pessoa está viva, mas mais parece um zumbi).

Não quero nada disso para você, pois já passei por essa situação, e, quando estamos assim, a gente deixa de viver e começa a durar.

Às vezes temos atitudes que nos colocam diretamente no colo da tristeza.

Quem nunca?

AI, QUE RAIVA!

Na hora da raiva, em vez de falar e desabafar, passou dias ruminando o assunto, engolindo o choro e colocando tudo "para dentro" por um tempo sem fim?

Quando você faz isso, a única coisa que consegue é estresse e depressão. Eu tinha muito medo de "machucar o outro" se falasse o que realmente estava pensando. Também tinha o velho medo "do que o outro vai pensar" e ruminava feito vaca no pasto por dias a fio. Só que, no meu caso, era uma vaca no pasto chorando e triste!

Descobri que podemos falar, sim, na hora da raiva, mas que existe a maneira certa de falar e a hora certa de falar. Explodir e dizer coisas de que se arrependerá depois não é um bom caminho. Pensar e estabelecer uma estratégia para saber o momento e quais palavras usar para extravasar seus sentimentos funciona melhor. Quando passei a usar isso, deixei de ser vaca no pasto chorando.

Então, ficou com raiva do marido, do noivo, do namorado, do filho, do chefe, da colega de trabalho, da cunha, da sogra, da vizinha (vou parar aqui, pois a lista pode ser imensa)? Respire. Vá para um lugar onde possa pensar, refletir, acalmar-se, e em seguida defina o que vai dizer, como vai dizer e quando vai dizer. Depois parta para a ação. Porém, ao tomar essa decisão, lembre-se de expor sua frustração, mas direcionar a conversa para um resultado final positivo para você mesma.

TODO MUNDO, MENOS EU!

Temos a bendita tendência de priorizar todo mundo (e coloque o cachorro e o gato nessa lista) e depois, só muito tempo depois, nós mesmas. Pensamos nos outros em primeiríssimo lugar até na hora de escolher uma *pizza*. Veja esta cena:

(Mãe de família perguntando se todo mundo quer pedir *pizza*): – *Queridos, querem* pizza *hoje?*
(Família responde): – *Siiim!*

(Mãe pergunta): – *Do que vocês vão querer, amores?* (E então ela anota o pedido de cada um e já vai saindo. Talvez, veja bem, talvez alguém pergunte.)

– *Mamãe, e você, do que vai querer a sua* pizza?

(Resposta comum de toda mulher que pensa nos outros em primeiro lugar até em momentos banais do cotidiano): – *Ah, meus amores, eu como um pedacinho de cada um. Não se preocupem comigo, não. O que vocês escolherem para mim está bom!*

Quem nunca? Porém, percebe que, se você abdica de suas escolhas em um momento tão banal quanto esse, imagine em outras situações mais importantes? Então, amiga, eu lhe digo que, a partir de hoje, você não só pode como deve ESCOLHER A *PIZZA* em todas as situações da sua vida, na cama e fora dela! Pronto, falei!

Mulher sempre prioriza fazer a coisa certa em vez de priorizar ser feliz (homens são completamente diferentes, certo?). Não que não devemos fazer a coisa certa, mas é supererrado você cuidar de todo mundo, esquecer-se de si mesma e ficar "esperando" reciprocidade à sua volta. Espere sentada, amiga.

Bora se priorizar, mulher!

NÃO DÁ PARA SALTITAR CANTANDO COM PASSARINHOS À SUA VOLTA O TEMPO TODO!

Concordo. Mas o cuidado aqui é realmente não deixar a tristeza ser um hábito na sua vida e pegar você pela garganta todos os dias.

Para evitar isso, alguns hábitos ajudam:

A) Pratique algum exercício de que goste. Na falta disso, coloque sua seleção preferida de músicas e dance do jeito que bem entender por alguns minutos. Só de mexer o corpo, hormônios do bem-estar serão liberados e farão um bem enorme para seu estado de espírito.

B) Viva o momento presente. Muitas vezes nos angustiamos por aquela conta para pagar no final do mês ou por alguma coisa que nem aconteceu e está apenas na nossa imaginação. Também nos angustiamos por algo que tenha acontecido no passado. Pare tudo: viva um dia de cada vez e curta cada bênção que esteja acontecendo no seu dia. Quer um exemplo de bênção? Respirar sem precisar estar em um respiradouro na UTI de um hospital, por exemplo. Acordou? Tem teto? Tem comida? Está respirando? O dia está ganho!

C) Durma, durma, durma, durma.

D) Acorde de manhã e, antes de sair da cama, agradeça por pelo menos dez coisas boas que você tem na vida. Não estou falando de bens materiais, mas de coisas que o dinheiro não compra. Saia da cama depois de fazer esse agradecimento mental. Ao longo do dia, seja uma pessoa agradecida. Expresse gratidão por coisas e pessoas em sua vida.

E) Diga coisas positivas sobre você e sobre outras pessoas. Meu Deus, como as mulheres se depreciam o tempo todo na cama e fora dela, e como dizem coisas negativas sobre si mesmas!

Afff! Eu era assim! Só que o cérebro tem poder, bonita! A palavra tem poder! Tudo o que você fala de negativo sobre você realmente acontecerá, pois você vibrará nessa energia negativa. Mude sua

história. Você pode até estar em péssima situação, mas não precisa se lamentar o tempo todo em função disso. Diga a você mesma coisas positivas.

F) Faça mais amizades, busque situações novas e gostos diferentes. Já reparou que fazemos sempre as mesmíssimas coisas dia após dia? Mude. Experimente um café que nunca experimentou, passe por uma rua em que nunca passou, conheça pessoas diferentes, faça parte de um grupo animado, enfim, conecte-se com o mundo.

G) Pergunte-se uma vez por mês: o que me faria feliz? Dito isso, parta para a ação de buscar a solução para essa resposta.

H) Acredite em Deus, bonita! Ele é a força, o escudo, o caminho, a mão estendida na jornada.

I) Desenvolva sempre uma autoestima maravilhosa. Você é mais, pode mais e merece mais!

J) Administre o caos! Amada, há dias em que a gente cobre a cabeça para não sair da cama, de tanta porrada que a vida está dando. Nesses momentos, pare e pense em como resolver cada situação que parece não ter saída, ajoelhe e peça a Deus, porque Ele vai lhe mostrar essa saída.

Cuide muito da sua alegria, alto-astral, autoestima, felicidade em cada momento de sua vida, pois a vida é única, passa rápido, e o que levamos são apenas memórias. Então comece a cultivar agora boas memórias. Você merece.

VIDA
PESSOAL

Para uma vida pessoal cheia de equilíbrio e harmonia, conheça minhas ideias

Acredito que três palavras guiaram minha vida, em momentos tanto de profunda vitória como do mais profundo desespero: FÉ, AUTOESTIMA e ATITUDE.

FÉ

EM DEUS

Independentemente da sua religião, deixe-me partilhar com você o que é Deus na minha vida.

Paro agora de teclar, pois tentar descrever isso é muito difícil e, ao mesmo tempo, muito gratificante. Por mais que eu use palavras, creio que não conseguirei expressar a magnitude que é ter Deus na minha vida. Mas tentarei mostrar um pouquinho de como é incrível quando realmente procuramos andar embaixo de "Suas asas" e com isso nos sentimos seguras.

Milagres diários

Muitas pessoas esperam grandes milagres na vida para poder observar a mão de Deus agindo. Mas Ele não opera só por meio de milagres espetaculares, mas também no dia a dia. Na minha vida já pude presenciar milagres impossíveis e pequenos milagres diários, pois, a todo instante, Ele está presente e pronto para nos mostrar caminhos que antes pareciam impossíveis.

Lembra-se de algum momento em sua vida em que você sentiu Deus falando ao seu coração? Peça a ele que continue fazendo isso e procure perceber que Deus sempre está agindo em sua vida.

Quando escrevo este capítulo, minha alma está em turbilhão. Hoje de manhã recebi uma notícia de que algo por que eu batalhei muito e tinha até conseguido me foi tirado. Minha alma está dividida entre ficar triste e esperar no Senhor. Escolherei a segunda opção, pois nada nos é tirado ou acrescentado sem que Ele esteja atento às nossas necessidades.

Sei que algum milagre grande ou pequeno acontecerá.

Você está à espera de um milagre hoje?

Então coloque-se diante de Deus em oração agora e, com suas próprias palavras, fale, com toda a sinceridade de seu coração, o quanto deseja entender e perceber como Ele age em sua vida diariamente. Transforme sua oração em uma conversa franca, como quem conversa com um amigo.

A fé necessária

Desde a hora em que você se levanta até o momento em que vai dormir, seu dia precisa ser determinado pela fé. Sua fé não pode ser baseada nas bênçãos que recebe, mas na certeza de que Ele proverá tudo o que é necessário para sua vida dentro do plano de vida que Ele tem para você.

Quando éramos crianças, muitas vezes não tínhamos o que comer. Minha mãe, supercalma, dizia "O Senhor proverá!", e cá estou eu, adulta, firme e forte, porque realmente o Senhor sempre proveu.

Quando for orar, exponha sua situação detalhadamente ao Senhor e peça ajuda a Ele para superar seus momentos de dúvidas e incertezas.

A luta diária pelos bens materiais muitas vezes nos faz esquecer de dedicar momentos para simplesmente agradecer ao Senhor por mais um dia de vida, pelo teto, pelo pão.

Quando você agradece, aumenta sua fé, seu coração se alegra na certeza de ter o Deus do impossível ao seu lado, e sua disposição para enfrentar mais um dia é outra.

Mesmo no meio do caos que muitas vezes a vida apresenta, o Senhor está do nosso lado. O salmista diz: "Ponha sua esperança no Senhor!". Realmente, amada, não há outro jeito de acalmarmos nosso coração a não ser colocando nossas orações diante do Senhor. Já estive em situações para as quais não havia saída nenhuma: doença, perigo de vida, pobreza extrema, desesperança total e tudo o que você pode imaginar.

Em todos esses momentos, mesmo nos mais difíceis, fiquei atenta aos cuidados do Senhor para comigo. O mesmo está acontecendo com você agora, neste exato momento: Ele está cuidando de você! Você não vai cair e, se cair, saiba que a derrota é momentânea para quem acredita em Deus.

Parece muito difícil ficar em paz diante da aflição. Sim, não é nada fácil.

Mas, quando pela fé entregamos nossa vida a Deus, nosso coração é inundado pela paz verdadeira que nos capacita a viver com calma mesmo nas tempestades.

Seu coração agora está acelerado por um desafio que você não sabe como resolver? Entregue seus caminhos ao Senhor, seu Deus, e tenha a certeza absoluta de que Ele está cuidando de você.

EM SI MESMA

Acredite nos seus sonhos, nos seus objetivos e na sua capacidade de conseguir o que deseja. Mesmo que ninguém mais esteja acreditando. Sou prova viva disso. Quando iniciei os cursos sensuais para mulheres, ninguém no mundo fazia isso, e muitas pessoas confundiram o que eu queria passar com pura pornografia. Até hoje isso acontece, na realidade.

Mas eu sabia muito bem o que queria e fui em frente, nadei contra a corrente e consegui meu objetivo, de ser mentora de mulheres e casais nessa jornada tão cheia de inseguranças que é a estrada da sexualidade e dos relacionamentos.

Pare e pense: o que você tem vontade de fazer na vida? Quais são os seus sonhos? Seus objetivos? Pensou? Faça uma lista do que precisa (desde coisas pequenas até grandes), arregace as mangas e vá em frente. Se for da vontade de Deus que você alcance seus objetivos (e pode ter certeza de que Ele deseja o melhor para nós), ninguém poderá impedir você. Acredite em si mesma, mesmo quando todo mundo à sua volta duvidar.

AUTOESTIMA

É muito importante que você sempre tome cuidados diários para deixar sua autoestima turbinada. Tudo à nossa volta parece ter sido criado para destruir essa autoestima. Porém, sem uma ótima autoestima, você não consegue nenhum sucesso na vida, seja na cama, seja fora dela.

1. Conheça a si mesma

Construir a autoestima primeiro envolve saber quem você é: identificar do que gosta, saber o que quer da vida e desenvolver atitudes de se perdoar, entendendo que até agora você fez o melhor que pôde com os recursos que tinha.

A partir daí, comece a notar todas as coisas positivas que você tem.

2. Cuide de si mesma

Eu sei que você cuida de todo mundo neste mundo. Mas entenda que "o cuidador precisa ser cuidado". Então reserve tempo para cuidar de si mesma sempre.

3. Respeite-se

Há uma frase que amo e que diz: "Cuidado com o que você tolera nos outros, pois está ensinando a todos como devem tratar você!".

Respeite-se sempre. Aprenda a dizer "não" e a entender que você não precisa ultrapassar seus limites para ser feliz ou fazer alguém feliz.

4. Aceite-se

Perdoe suas falhas e erros, ame seu corpo, mime-se, promova seu brilho interno e externo e fique perto de pessoas e acontecimentos que façam você feliz.

5. Ame-se

Para realmente demonstrar autoestima, você deve acreditar no seu valor e se preocupar com o seu futuro. Amar a si mesmo

significa tratar a si mesmo tão bem quanto trata seus amigos e pessoas mais queridas. Fazer isso envolve criar melhores limites nos relacionamentos. Também envolve comemorar seus pontos fortes e aprender a aceitar elogios.

Essas etapas podem parecer excessivamente simplistas; inversamente, elas serão gatilhos para destruir sua autoestima na vida, para tornar sua vida opressora. Com dedicação, atenção e disposição para colocar tais ensinamentos em prática, você construirá uma autoestima maravilhosa e experimentará um nível maior de confiança. Isso a ajudará a ter uma vida mais gratificante. Lembre-se: você é mais, pode mais e merece mais.

ATITUDE

Nada do que foi falado até então funcionará se você não colocar em prática. E, por favor, não adie para amanhã ou depois de amanhã as atitudes que podem mudar sua vida hoje.

É muito importante que você sempre tome cuidados diários para deixar sua autoestima turbinada.

VIDA
AFETIVA

Quem disse
que é fácil?
Porém, com
as atitudes
certas, tudo é
possível

Todo mundo diz, em algum momento da vida a dois, a frase: "Eu te amo!". Essa frase é esperada, temida, ansiada, faz todo o enredo dos filmes românticos ter mais sentido e realmente faz o coração explodir de alegria quando é dita por aquela pessoa que você queria tanto na sua vida.

Porém, acredito que, para um relacionamento dar supercerto, você deve transformar a palavra AMOR em prática diária, e para isso nada melhor do que levar o relacionamento com muita alegria e alto-astral.

Se você torceu o nariz a esse ponto, pensando "Você não sabe que lá em casa não há espaço para bom humor!", eu lhe digo que seu relacionamento, quanto a isso, precisa mudar urgentemente.

Algo realmente admirável em alguém é o bom humor. Ainda mais nos dias de hoje.

Nos relacionamentos, então, nem se fala. Alto-astral, bom humor e alegria são quesitos nota dez na vida de qualquer casal.

Perguntei para centenas de homens e mulheres o que mais os impressiona ou impressionou na pessoa amada. O bom humor vem quase sempre em primeiro ou segundo lugar.

Deve ser horrível estar com alguém carrancudo ou carrancuda, mal-humorado o dia todo, ou que por qualquer bobagem transforma um dia de sol em tempestade com raios e trovões. Parece que se vive em um campo minado, nunca se sabe quando a pessoa vai explodir. Nunca devemos matar aquela criança dentro de nós que ri, canta, pula, dança, quer ser feliz.

Existem pessoas que, além de ter baixo-astral, ainda procuram matar a criança que há no outro. Por exemplo:

- A mulher vai rir, vai dançar; o marido poda.
- O marido vai sair para um jogo com amigos, ou está rindo numa festa; a mulher emburra.
- A mulher prepara uma noite especial, e o marido, em vez de se alegrar e retribuir, fica carrancudo, perguntando: "O que é isso? Onde você aprendeu isso? Para que isso? Não preciso disso!".

Eu poderia citar centenas de exemplos.

Acredito firmemente que o casal que perdeu a capacidade de sorrir um para o outro, ou de rir um com o outro, também já perdeu as rédeas de um bom relacionamento há algum tempo.

Uma pessoa que sabe sorrir e, principalmente, fazer os outros sorrirem é uma pessoa especial.

Principalmente nas dificuldades, quando você tem alguém ao seu lado que enfrenta tudo com otimismo e alto-astral, o mundo parece até que melhora. Mas, quando a pessoa explode e começa a detonar com mísseis de mau humor, todos os momentos do relacionamento e os problemas enfrentados realmente ficam maiores e o amor vai para o ralo.

Sorrir é uma atitude. Você pode treinar para ser sorridente ou não. E sabemos quando a relação está morta ou com problemas quando acaba o sorriso.

Pare neste momento e pergunte-se: quantos sorrisos você dá com a pessoa amada por dia? Ou melhor: quantos proporciona a essa pessoa? E quantos recebe?

A melhor coisa do mundo, mesmo depois de um dia superestressante, é chegar junto de quem amamos e receber um sorriso especial, que nos transmita a ideia: "Não importa o dia; você chegou, eu estou aqui, nós nos amamos. Vamos celebrar isso".

Um casal não pode ir para a cama carrancudo, brigado, estressado, senão o dia seguinte será uma extensão do primeiro dia, e tudo se transforma em uma grande bola de neve.

Procure instalar bom humor, sorrisos e alegria em seu relacionamento já, neste instante.

Programe passeios em que vocês dois possam relaxar, rir e se divertir. Procurem ser crianças de vez em quando, indo a um circo, brincando de mangueira de água no quintal ou mesmo fazendo guerra de travesseiro.

Dê um presente surpresa para quem ama; o valor é o que menos importa: o importante é ser criativo e proporcionar um sorriso.

Façam brincadeiras, nas quais vocês possam sorrir e gargalhar juntos. Não se esqueçam de brincar.

Antes de dormir, diga coisas agradáveis ao ouvido de quem ama, em vez do tradicional "boa noite", "durma bem". Ao acordar, dê um grande abraço e diga algo que coloque um grande sorriso no rosto de quem está ao seu lado, para começar o dia no maior alto-astral.

Instale o riso em seu relacionamento.
SEJAM LOUCOS, MALUCOS, CRIANÇAS,
DANCEM NA CHUVA, ESTOUREM BALÕES, enfim,
TENHAM A ATITUDE DE SE DIVERTIR.

Pelo menos uma vez ao dia, dê um sorriso, proporcione um e procure receber um de quem você ama.

Você está com a pessoa que ama por escolha. Então escolha ser feliz!

Costumamos pensar que as pessoas felizes em seus relacionamentos já nasceram predestinadas a isso. Mas não é bem assim. Tudo depende da atitude como se encara o relacionamento. Os casais felizes se permitem ser felizes e trabalham para isso. Os casais infelizes deixam a infelicidade se instalar cada dia mais no relacionamento, agridem-se e se prejudicam mutuamente, seja por gestos, seja por palavras duras, frieza, falta de diálogo, incompreensão, etc.

Lembre-se: você tem escolhas. Se está ao lado dessa pessoa por opção, escolha também ser feliz. Faça um pacto de felicidade com quem ama, combinando que vão trabalhar juntos diariamente para que a felicidade entre vocês cresça cada vez mais. Vejo sempre noivos preocupados com móveis, vestido, música, decoração da igreja, e sempre me pergunto: "Será que eles se sentaram para combinar a coisa mais importante do mundo, ou seja, como pretendem manter a felicidade em sua relação?".

– Nelma, mas isso tem que ser combinado? Não vem com o tempo, ou não é uma coisa nata da relação?

Acredite, para uma grande empresa funcionar, ela precisa ter um plano de ação. Se não tiver esse plano, pode ir à falência. Com o relacionamento também é assim. Se vocês não decidirem quais são as bases de que cada um necessita para atingir a felicidade

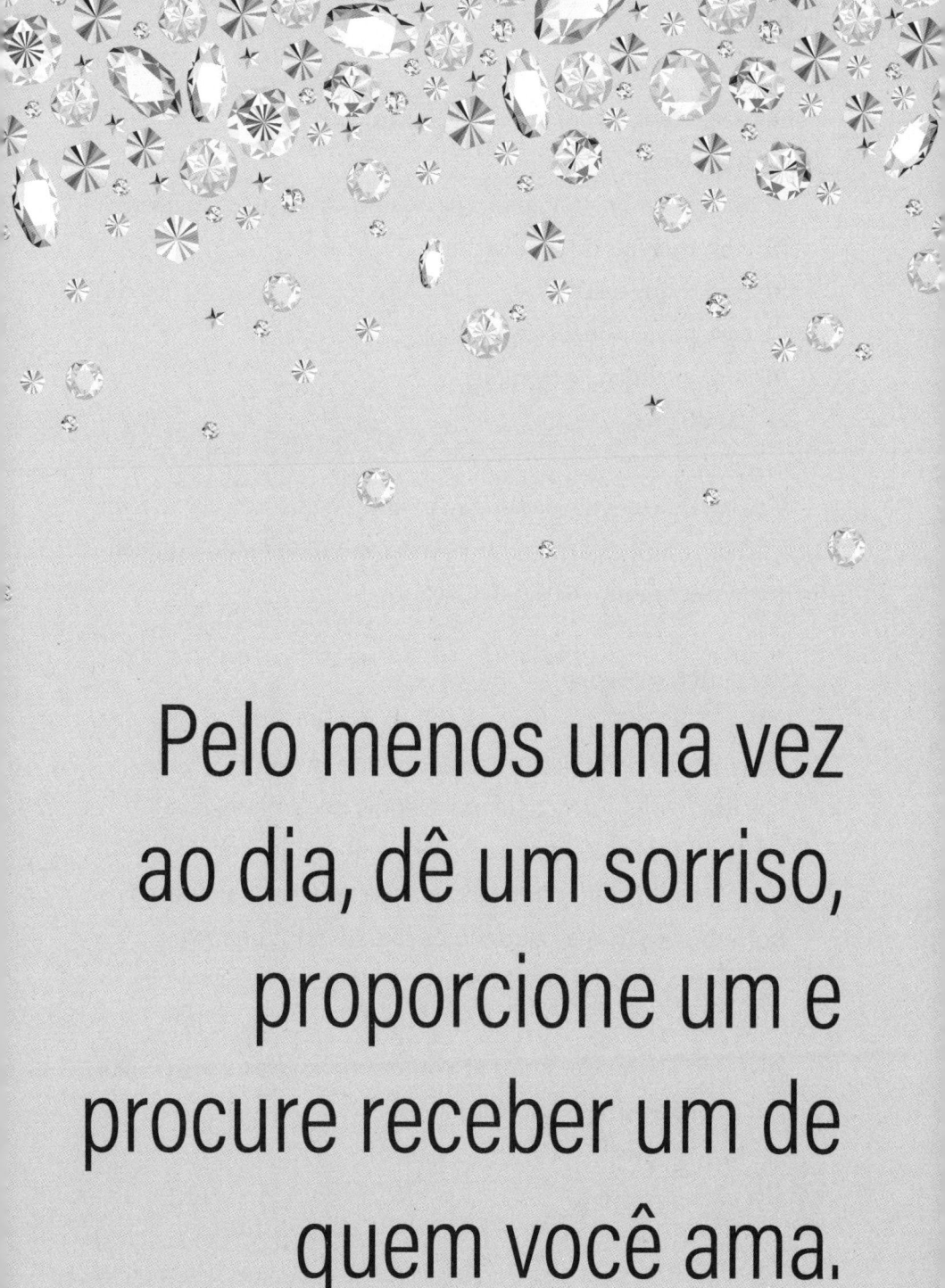

Pelo menos uma vez ao dia, dê um sorriso, proporcione um e procure receber um de quem você ama.

conjugal e lutarem por isso, o relacionamento poderá ir à falência da mesma forma.

Podemos demonstrar amor à pessoa amada de diversas formas:

A) com palavras de afeição;

B) com toque físico;

C) com formas de servir o outro;

D) com qualidade de tempo;

E) dando presentes.

Cada pessoa tem um parâmetro pessoal do que para ela é o fator de felicidade. Se o casal não entrar em harmonia antes do casamento, poderá ser muito mais difícil depois.

Faça um teste agora:

Liste, de 1 a 5, na ordem de prioridade, o que lhe traria felicidade nos tópicos acima. Depois peça para seu parceiro fazer o mesmo, e comparem os resultados. Se for igual, muito bem; se não, que tal ajustarem esses botões, para que o pequeno desajuste agora não se transforme com o tempo em um abismo entre vocês?

A seguir, alguns exemplos de como simples desajustes podem causar grandes estragos na vida a dois.

FUTEBOL

João gostava de jogar futebol aos sábados, pois isso o fazia feliz. Maria, quando era noiva, não se importava que João fizesse isso. Mas, secretamente, pensava que, quando se casassem, ela não desejaria mais tal atitude, pois isso a fazia infeliz.

Nunca pararam para conversar sobre o assunto. Conversaram sobre móveis, carro, cerimônia, etc.

Após o casamento, João quer manter sua rotina, mas Maria quer impedi-lo. Isso tem causado brigas constantes e vários desentendimentos.

SALDO

Pedro poupa o que ganha para um futuro melhor. Lúcia gosta de usufruir já das coisas boas da vida, então ela não se preocupa em poupar. Cada um tem seu parâmetro do que é ser feliz no aspecto financeiro. Pedro pensa que, quando se casarem, ensinará Lúcia a economizar. Lúcia pensa que, quando se casarem, ensinará Pedro a curtir mais a vida. Com certeza isso não vai dar certo e será margem de muitos desentendimentos.

SEXO

Janete aprendeu, em sua rígida educação sexual, que, para fazer um homem feliz na cama, ela tem que ser submissa, passiva e deixar que o homem tome todas as atitudes. Arthur aprendeu que, para fazer uma mulher feliz na cama, ele deve deixar que ela tome todas as iniciativas que desejar. Bem, o final da história já dá para adivinhar...

Eu poderia citar inúmeros exemplos, mas a resposta é uma só: "Escolha ser feliz". A partir dessa escolha, sente-se com quem ama e pergunte a ele ou a ela o que o faria feliz em termos financeiros, sexuais, amorosos, cotidianos, enfim.

Exponha também do que gostaria e do que não gostaria. Ao entrarem em acordo, estarão naturalmente construindo um relacionamento feliz. Falar em momentos de mágoa, tristeza, quando as coisas já estão acontecendo de forma explosiva, será muito mais difícil. Vida a dois feliz não é feita somente de grandes momentos, mas de um cotidiano agradável, gostoso e cheio de harmonia.

Manter um relacionamento que faz vocês infelizes é pura perda de tempo.

Em minhas pesquisas, as pessoas citaram as causas mais comuns da insatisfação nos seus relacionamentos. São estas:

VAZIO

> Nossa vida a dois é boa, mas sinto que falta algo... Sinto uma espécie de vazio em algum lugar, e não sei o que é.

Se você sente que a festa acontece em outro lugar e não precisamente dentro de seu cotidiano, é hora de se sentar com quem ama, conversar bastante e tomar uma decisão. Pode ser mudar de atitudes, mudar de cidade, mudar de emprego, realizar um projeto a dois, enfim...

Pode ser que o cotidiano esteja sufocando vocês; de casa para o trabalho, do trabalho para casa, entra dia e sai dia.

Por que não planejar algo maluco para realizar? Uma viagem exótica, um curso a dois diferente, uma aventura qualquer? Decidam o que mais gostariam de fazer e comecem a colocar esse planejamento em ação, mesmo que leve tempo. O casal mais feliz é aquele que tem um planejamento em comum. Sempre tenho planos com meu marido. Muitos nós realizamos, e muitos, não. Mas só o fato de estarmos continuamente conversando sobre coisas assim já elimina o cotidiano. E é um prazer enorme ter outra coisa para conversar do que as mesmas coisas de sempre.

Conheço um casal que planeja fazer uma viagem (a pé, de carro, de avião ou conforme o orçamento) uma vez ao ano. Eles escolhem o local, planejam data, hora, e isso é motivo de muito divertimento. Outro casal resolveu fazer um curso exótico e diferente juntos. Não se arrependeram, deram boas risadas e sempre terão coisas interessantes para recordar.

Enfim, preencha o vazio com algo excitante. Não importa se dará certo ou não: o importante é sonharem juntos.

EXCITAÇÃO

No começo do relacionamento, nossa vida sexual era mais excitante.

No começo do relacionamento, vocês talvez não tivessem filhos nem tantos problemas em comum. Não foi a vida sexual que

deixou de ser excitante: foram vocês que deixaram de se excitar com ela.

Talvez o sexo esteja para "quando der a gente faz". Tenham certeza, é preciso priorizar a sua vida sexual, ou seja: marquem data, hora e local para se encontrarem como dois amantes. Imaginem situações sexuais inusitadas (locais diferentes, roupas diferentes, fantasias, etc.) e coloquem em prática.

Não deixem a sensualidade ficar restrita apenas à cama. Durante o dia, um telefonema ou mensagem sensual pode fazer maravilhas à noite.

Você sabia que o bom sexo à noite começa no bom-dia de manhã? Então dê um bom-dia gostoso, caloroso, cheio de promessas para o final do dia.

Um dos segredos é tratarem-se como amantes e não deixarem o cotidiano tomar conta da libido. Costumo dizer que libido é treino e prática. E, quando falo isso, as pessoas se espantam. O que estou dizendo é que, se você coloca como parte do seu dia a dia reservar momentos especiais e criativos para estar com quem ama, ler literatura erótica juntos ou separados para atiçar o desejo, vestir roupas sensuais um para o outro na hora do amor (esqueça a camiseta que ganhou na eleição – e às vezes, ainda por cima, é do candidato que perdeu!), perfumar-se, enfim, praticar a arte do amor com toda a intensidade possível, a falta de desejo e a rotina passarão longe da vida de vocês.

Entretanto, se, em vez disso, você coloca em seu dia a dia dívidas, trabalho, estresse, desânimo e, quando for possível, lembrar-se de sua libido, essa falta de "praticar" sensualidade fará seu relacionamento

Um dos segredos é tratarem-se como amantes e não deixarem o cotidiano tomar conta da libido.

ficar com gosto de churrasco de chuchu sem sal. Você quer sua libido de volta?

Pratique! Tome atitudes!

ROMANCE

Eu gostaria de mais romance em meu relacionamento!

Romance é um estado de espírito. Se estiver com o pensamento voltado para o romance, poderá transformar até a lavagem da louça em algo romântico e agradável, para você e para quem ama.

Se estiver com o estado de espírito errado, poderá transformar uma caminhada ao luar na praia em algo frio, insensível e ruim. Na verdade, o romance é feito de pequenas atitudes. Porém, pequenas atitudes que fazem grande diferença.

– Por que ser romântico?

Porque melhora e muuuuito a sua qualidade de vida amorosa.

Romance é a forma de você expressar amor a quem ama, e isso pode ser feito de várias maneiras. Aqui vão algumas dicas:

1. Transforme de vez em quando o comum em especial.

EXEMPLO Paulo colou um bilhete na caixa de cereais matinais de sua esposa. Ele sabia que, quando ela acordasse para tomar seu cereal, ele já estaria longe, a caminho do trabalho. Mas não

era empecilho para que instalasse "romance" já no começo do dia. Ele escreveu: "Minha querida, neste exato momento estou pensando em você. Observei-a dormindo e constatei que sou o homem mais feliz do mundo, por ter o privilégio de ter você ao meu lado quando acordo. Você é linda, e que nosso acordar e dormir juntos se repita por toda a minha vida!".

Não preciso dizer como o astral dessa mulher ficou o dia inteiro, como ela recebeu seu marido à noite.

2. Tenha ações que demonstrem seu amor. Não fale, aja; apenas aja.
EXEMPLO Não adianta repetir o tempo todo que ama uma pessoa se não presta atenção às vontades dela, se é uma pessoa ausente quando ela mais precisa, se não a valoriza, se não está também presente nos momentos ruins da vida dela, se não procura, por meio de atitudes, transformar a vida de quem ama em algo muito bom. Ações valem mais do que palavras, e você sabe disso.

3. Encare as suas atitudes românticas como brincadeira de adulto. Não paramos de brincar porque envelhecemos. Envelhecemos porque paramos de brincar.

4. Procure saber que romance é o processo para conseguir muito mais amor em sua vida.

5. Não deixe passar um dia sem expressar seu amor: seja por palavras, seja por gestos ou demonstrações de afeto.

FALTA DE COMPREENSÃO

> Sinto que meu parceiro não me compreende.

Sem diálogo, um relacionamento não dura muito tempo. Diálogo e compreensão mútua são a base para um relacionamento feliz. Diante de qualquer problema, priorize sempre a comunicação.

ROTINA

> Percebo que nossa vida está virando uma grande rotina. Isso me deixa desanimada. Não sei o que fazer...

A rotina é uma coisa até necessária na vida do ser humano. Quando se trata de vida afetiva, também. É necessário que, com a vida em comum, seja instalada uma rotina, para o bom convívio das pessoas. Por exemplo: a hora de levantar, quem leva as crianças para a escola, a natação da filha menor, quem providencia as compras da casa, cuidados com os horários dos médicos, a que horas cada um chega em casa, etc. Essa é uma rotina necessária ao bom andamento das tarefas diárias, principalmente quando não se mora sozinho.

Perceba que a rotina não chega de repente: ela é o somatório de várias atitudes erradas que tomamos no dia a dia, que depois se tornam semanas, meses, anos...

Em relação à vida íntima, duas rotinas podem se instalar. Você e a pessoa que ama podem escolher qual delas praticarão todos os dias:

A) *Rotina do mal*: Essa rotina é aquela que normalmente deixamos acontecer. Por que a chamo assim? Simplesmente porque o resultado dessa rotina é má comunicação entre os parceiros, má vida sexual e afetiva, intimidade distante e mal resolvida, diálogo mal-humorado e mais uma série de males que dariam uma lista telefônica.

Essa rotina se dá quando, por exemplo, logo de manhã, ao acordar, o casal mal se cumprimenta e já sai correndo para mais um dia de trabalho. Depois ela continua ao longo do dia, quando ninguém se lembra de ao menos telefonar para a pessoa que ama para dizer coisas agradáveis. As ligações são feitas para cobrar o depósito na conta bancária, se os carnês já foram pagos, etc.

Ela continua largamente a se instalar à noite, quando o casal chega e se cumprimenta de maneira morna e cada um vai cuidar de sua vida. Ele vai assistir à TV ou ligar o computador, ela vai cuidar dos afazeres da casa, das crianças, etc. Finalmente, depois que o casal toma banho, faz da cama o palco para conversar sobre todos os problemas que enfrentaram naquele dia e todos os que terão que enfrentar no dia seguinte.

Se não estiverem cansados demais, talvez façam amor. Podemos imaginar o quanto será "empolgante" essa noite. E assim passam-se dias, meses, anos…

B) *Rotina do bem*: Para instalar essa rotina, um pouco de esforço extra é exigido, mas vale a pena. O resultado é uma vida afetiva feliz, repleta de coisas boas e momentos maravilhosos.

Ela existe quando o casal acorda de manhã, cada um faz questão de dar um beijo apaixonado no outro e dizer algo romântico, gostoso e estimulante. Se o parceiro está dormindo, aquela tática de um bilhete em um local estratégico fará maravilhas.

Vale a criatividade, e você gastará um minuto para isso, mas essa atitude refletirá positivamente no dia inteiro. No meio do dia, antes de falarem sobre os problemas, digam algo afetivo, excitante e romântico um para o outro. E à noite, quando chegarem em casa, que tal um abraço e beijo de cinema? O quê? Você vai deixar isso para ocasião especial porque acha exagerado?

Preciso lhe dizer para economizar dinheiro em sua vida, mas tesão e paixão, não! E quem disse que terá a pessoa que ama sã e salva ao seu lado todos os dias, pelo resto da sua vida? Eu não tenho essa certeza. Meu momento especial é no momento em que estou ao lado das pessoas que amo.

A boa notícia é que você pode escolher entre a rotina do bem e a rotina do mal. Tenha um diálogo franco, amoroso e aberto com quem ama, e façam a escolha certa. No começo, poderão até estranhar, mas será tão boooommmmm, que não vão querer mais parar. O segredo é: tenha um caso de amor com quem ama, batalhe por isso, invista tempo com qualidade e criatividade para isso, e perceberá as mudanças em sua vida logo, logo.

Tenha um diálogo
franco, amoroso e
aberto com quem
ama, e façam a
escolha certa.

HARMONIA

Falta harmonia em nosso relacionamento: ele gosta de amarelo e eu gosto de vermelho!

As diferenças existem; que bom! Sem elas o mundo seria muito sem graça. Você percebeu que, no começo do relacionamento, talvez vocês achassem essas diferenças exóticas, românticas, e depois, com o passar do tempo, tudo mudou?

Para administrar isso, primeiro tentem olhar as diferenças sob outro ângulo. Por exemplo: perceba o quanto ela é extrovertida, em vez de resmungar que ela fala demais. Admire o quanto ele poupa para o futuro do casal, em vez de reclamar aos quatro ventos que ele é pão-duro. Administre essas diferenças. Você faz isso com colegas de trabalho; por que não faria com quem ama?

Se houver alguma coisa em que os dois não concordem de maneira alguma, estabeleçam um acordo.

Por exemplo: ele vai gostar um pouquinho do vermelho, você vai gostar um pouquinho do amarelo, e terão então uma bela cor laranja que satisfará os dois, sem quebrar a harmonia do casal.

EXEMPLO Ela adora passear no shopping. O marido detesta! Mas ela só pode ir com ele, pois o casal só tem um carro. Não adianta prevalecer só a vontade dela, ou só a do marido. Estabeleçam um acordo. Podem ser inúmeros: enquanto ela passeia, ele vê seu filme favorito, e depois se encontram. O parceiro estabelece

o limite de tempo que "suportará" passear no shopping, mas, dentro desse limite, nada de ficar mal-humorado. Enfim, se o ser humano não souber fazer acordos com a pessoa que mais ama, a vida a dois não terá muito sentido.

FALTA DE ADRENALINA

> O que falta no meu relacionamento é adrenalina! Ele é bom, está tudo legal... Mas falta algo mais!

A vida possui um menu riquíssimo de oportunidades e acontecimentos. Para isso, basta escolher. Em vez de ficar reclamando que falta entusiasmo, sentem-se os dois e discutam o que gostariam de fazer para trazer mais adrenalina à vida a dois. Escolham o roteiro, e boa viagem.

> **EXEMPLO** Uma ou duas vezes por ano, meu marido e eu escolhemos um roteiro de viagem diferente. Às vezes escolhemos atividades exóticas, como pular de paraquedas e coisas assim, desde que deixe os dois felizes. Essas aventuras incluem só nós dois.

De vez em quando, procuramos fazer surpresas um ao outro, pegar o carro e viajar sem rumo (mesmo que seja uma viagem curta). Enfim, ESCOLHEMOS e FAZEMOS.

E você? O que está esperando?

DICA ESTRELA

Durante toda a semana, diariamente, tenha quatro atitudes de ouro. Você levará apenas quatro minutos do seu dia para ter essas atitudes. Mas elas valerão vinte e quatro horas de um relacionamento muito mais gostoso. Vamos lá!

Primeira atitude: ao dormir – Dê um boa-noite caloroso, acompanhado de muitos beijos e palavras de amor. Brinque, faça cócegas como faria em uma criança, faça guerra de travesseiros, simplesmente conte uma piada ou dê um sorriso.

Segunda atitude: ao acordar – Diga ao seu amor o quanto o ama, como é feliz por tê-lo ao seu lado. Antes de sair, deixe uma frase amorosa escrita no espelho.

Terceira atitude: no meio do dia – Ligue apenas para dizer algo agradável e carinhoso.

Quarta atitude: ao chegar em casa, pare na soleira da porta e respire fundo. Deixe todos os problemas lá fora. Entre em casa e dê um superabraço e beijo em seu amor (eu disse super, daqueles de filme, mesmo). Tente! Não é difícil.

Agora, outras dicas:

1. Encha vários balões com frases românticas dentro e coloque em cima da cama. Antes de dormir, vocês têm que estourar os balões e ler as frases. Você pode também colocar frases

picantes e sensuais, insinuando tudo o que pretende fazer com o seu parceiro naquela semana.

2. Coloque um buquê de flores com um lindo cartão no para--brisa do carro de seu amor. Diga-lhe para ir correndo, que o carro foi multado. Ao chegar, a pessoa terá uma surpresa agradável. A multa, com certeza, serão muitos beijos e abraços.

Não deposite sua felicidade nas costas do outro. Você é responsável pela sua felicidade; não dependa do outro para isso.

Permita-se ter um relacionamento que rime com tesão, paixão, emoção, e não com frustração, acomodação e depressão. Lembre--se: quando se empurra relacionamento ruim com a barriga, só se ganham rugas e perda de tempo. Mas, se o casal se ama de verdade, cada dia é dia de aprender a ser melhor um com o outro.

VIDA
SEXUAL

Pode dar
certo, sim!

Você tem direito a uma vida sexual e afetiva prazerosa, gostosa, envolvente, cheia de tesão e carinho. Isso é uma questão de atitude, e não de espera. Como eu sei que isso é verdade?

Pela minha história de vida. Felizmente para mim, descobri certo dia que desejava muito mais da vida em matéria de relacionamento afetivo como mulher. Percebi-me cansada de tombos e fracassos amorosos, típicos de quem espera pelo milagre do príncipe encantado, e resolvi ir à luta para obter por mim mesma o que antes entendia ser obra natural do destino.

E posso dizer que consegui. Assim, quero mostrar o que aprendi fazendo esse caminho.

SÓ DESEJAR FELICIDADE BASTA? Lembro-me até hoje do dia do meu primeiro casamento: "Que vocês sejam felizes para sempre!" "Mil felicidades!". Os cumprimentos, sempre tão iguais, eram seguidos, e me davam uma sensação de estar um pouco atordoada. Desejos de felicidades *forever*... Tudo parecia estar certo: o vestido branco, a limusine, o buquê, a orquestra. Tudo estava impecável: as alianças, os padrinhos, o padre sorridente.

Uma cena ficou gravada na minha memória: ao final, quando eu corria para o carro com os cabelos cheios de grãos de arroz, a mão de alguém segurou meu braço, e ouvi uma voz dizendo: "Querida, se você passar pela crise dos dois anos, o resto é bico. Felicidades".

Os sorrisos à minha volta se congelaram, como o meu. A roda--viva de "parabéns e felicidades" que continuou depois parou naquele instante por algum tempo. E eu segui o meu caminho, levando comigo aquele estranho cumprimento, que mais parecia um agouro. Fui feliz na lua de mel, pois esse era o sentimento que uma noiva aprendia a ter, até descobrir que eu não sabia como me comportar sexualmente – como tantas, eu havia sido ensinada sobre tudo aquilo que uma mulher não poderia e não deveria fazer. Mas como ser "boa de cama", dar e receber prazer de forma agradável para si e para o parceiro, isso ninguém ensina. E foi no que me empenhei em aprender sozinha.

Ao começar essa etapa da vida, agora como esposa jurada e sacramentada, amigas e vizinhas corriam, solícitas, a me prevenir contra os perigos conjugais que eu deveria evitar ou superar. Senhora A (cinco anos de casada): "A crise dos dois anos, comparada com a crise dos cinco, não é nada". E eu pensava: será que vem mais crise?

Senhora B (doze anos de casada): "Oi, você é nova aqui? Que lindo o seu apê! É uma pena que essa fase da lua de mel passe tão rápido, né? Depois? Ah! Depois vem o de sempre: o tédio... Mas não ligue, não: a gente se vê na reunião de condomínio; ali você se distrai um pouco, quando estiver na minha fase...". Tédio? O de sempre? Havia algo de resignado e fatídico na fala dessa mulher.

Como na fala da Senhora C (dezoito anos de casada): "Cuidado com a moça do 51! É daquelas que fazem tudo, sabe? Não se dá ao respeito. Dizem que ela deixa os homens loucos".

Fiquei a olhar a Senhora C enquanto ela falava, sem saber exatamente o que era "fazer tudo", e, mesmo sem saber por quê, nem o que era esse "tudo", secretamente me peguei gostando da ideia.

Então vinha a Senhora D (casada havia vinte e cinco anos): "Filha, com o tempo o amor amadurece! A gente tem que aceitar, é assim mesmo...". Enquanto ouvia a Senhora D falar, com aquele ar resignado, eu pensava: algo nessa frase não está me soando bem...

O tempo passou. Por coincidência ou não, o casamento foi realmente amadurecendo… amadurecendo… até que caiu, de tão maduro. Então, depois de sair desse casamento que durou quatro anos, dentro do qual senti um enorme vazio na parte afetiva e um vazio ainda maior na parte sexual, decidi que era hora de mudar. Decidi que não gostaria de repetir o mesmo filme na minha vida. Culpas? Não existem culpas.

Na realidade, ele não era meu parceiro ideal, e vice-versa. Ambos tínhamos ideais diferentes quanto ao que deveria ser um relacionamento. Eu estava preocupada demais em emitir queixas e em delegar-lhe toda a responsabilidade pela felicidade que eu não sabia buscar, e ele, por sua vez, estava preocupado demais com a carreira profissional, a estabilidade e temas afins. Resumo da ópera: o mesmo da maioria das uniões parecidas com essa: os dois querendo que o casamento desse certo, mas cada um preocupado basicamente consigo mesmo. Nunca perguntamos um para o outro qual seria o ideal de um relacionamento feliz, ou o que o outro gostaria que fosse modificado. Fomos deixando que a vida e o cotidiano se encarregassem disso e, ao final, descobrimos que nossas ideias sobre o mesmo assunto eram completamente diferentes. Apenas uma frase que ele dizia ficou na minha memória: "Os tombos nos ajudam a crescer!". E assim é: depois de um tombo, você pode tomar duas atitudes distintas, ou seja, deixar-se ficar para sempre no chão, lamentando-se, ou levantar-se (crescer) e aprender a evitar novos tombos. E foi o que eu fiz. Eu me ergui. Defini, de modo claro, dentro de mim, o que eu queria exatamente, tanto em matéria de afeto quanto na área sexual: eu desejava uma vida

afetiva cheia de carinho, cumplicidade, amor, bem como uma vida sexual cheia de tesão, falta de ar, palpitações, prazer e felicidade. Com uma diferença: agora, de alguma forma, eu sabia que, mesmo encontrando o parceiro ideal, só desejar ser feliz sem fazer algo a respeito não bastaria. Então, parti para a busca: fui buscar quem era eu, o que eu desejava e como eu desejava. Essa busca aguçou meus sentidos para todas as informações disponíveis que eu pudesse encontrar e despertou em mim um sentimento de liberdade e de conquista no aprendizado da arte de ser mulher e do que é a essência da feminilidade. Nesse caminho eu experimentei o medo, a angústia, a ansiedade, porém posso garantir que essa foi uma experiência que valeu a pena. Hoje, posso dizer que sou muito feliz e tenho um marido que procura o mesmo que eu dentro de um relacionamento: felicidade, pura e simplesmente. Então, alguém diria: "Mas isso não é o que todos procuramos?". É exatamente esse o ponto mais importante: temos sempre a tendência de achar que procurar e desejar felicidade é suficiente e deixamos de lado nosso próprio esforço em obtê-la, esperando que as coisas aconteçam como num passe de mágica. Certamente, ninguém – ou quase ninguém – se casa esperando ou querendo que seu relacionamento dê errado. Mas daí a fazer efetivamente algo por esse relacionamento vai uma grande distância. O que deve ficar bem claro, portanto, é que só esperar e desejar que algo aconteça não é tudo, não basta! Amor *versus* dia a dia. Quando se começa a amar, tudo é mágico, tudo é lindo, tudo faz com que sintamos que aquilo durará para sempre. Mas, quando o cotidiano se instala, se não aprendermos junto com ele a instalar também muita comunicação, compreensão,

amor, criatividade e bom humor, o que era mágico e lindo pode se transformar em ressentimento, mágoa, frustração, rejeição, enfim, numa lista tão grande de conflitos que pode vir a superar o desejo inicial de que tudo fosse durar para sempre.

E, nessa situação, o sexo se torna medíocre, ruim ou quase inexistente.

Quero lhe mostrar alguns caminhos para que sua vida sexual com a pessoa que você ama seja mais gratificante.

PRIMEIRO PASSO: DESCUBRA A MULHER QUE VOCÊ É!

Existem muitos livros que classificam a mulher em vários tipos distintos, e a tendência de quem os lê é tentar enquadrar-se estreitamente em um deles.

Nós todas fazemos isso. Ao se deparar com uma dessas classificações, você infalivelmente se põe a pensar: "Meu Deus, será que eu sou assim? Ou assim? Ou quem sabe assim?...". Mas não é isso o que importa para nós agora. Seja lá qual for a sua maneira de ser, acredito que, dentro da mulher, exista apenas um grande e único desejo: o de amar e ser amada.

No plano sexual, temos o hábito de desejar que nosso parceiro automaticamente leia os nossos pensamentos e realize nossas mais íntimas fantasias e desejos sexuais. Temos também o desejo de que a relação sexual vá além do simples contato físico e venha a ser um elo emocional entre você e o homem que ama. Tudo isso é muito bom, é um desejo genuíno, verdadeiro. Mas é um desejo pela metade.

Hoje, eu entendo que, muito antes de desejar o que você gostaria que acontecesse, é importante que descubra quem você é, do que gosta e como gosta. Aí há algumas dificuldades que você deve aprender a superar.

Por vários motivos, é muito difícil, por exemplo, admitir que gostamos de sexo e como gostaríamos que fossem os nossos momentos de prática sexual.

Fomos duramente ensinadas que "moça direita" não demonstra que gosta de sexo e que, se o fizer, o parceiro não a respeitará. Aprendemos a reprimir nossa sexualidade para "não parecermos muito depravadas". Isso se reflete em toda a nossa vida sexual e em como temos a ideia de que toda iniciativa deve vir do homem; delegamos a ele a total responsabilidade até mesmo pelo nosso orgasmo enquanto ficamos ali, impassíveis, à espera de que algo mágico aconteça.

Para mudar isso, em primeiro lugar, esqueça esses rótulos e deixe que caiam por terra todos os tabus, todos os medos e inibições que de alguma forma ainda bloqueiem o seu prazer. Sei que não é algo que acontece da noite para o dia, mas isso não impede você de dar o primeiro passo, tomando a atitude de querer mudar. Essa simples atitude lhe proporcionará um maior controle sobre o seu próprio desenvolvimento sexual e afetivo.

A partir daí, seja perseverante, porém também paciente. Apesar de essa decisão ser o passo vital para obter o sucesso, as coisas não passam a acontecer magicamente, logo após você ter chegado a esse ponto. Seria muito bom que fosse assim, mas adquirir uma

nova atitude não é o mesmo que comprar um produto qualquer, exposto em uma vitrine.

O essencial, no entanto, já foi feito: a tomada de decisão. O que acontece de mágico, logo em seguida, é que você passa a querer uma melhor e mais consistente qualidade de vida na área afetiva e sexual. Você se percebe passando a lutar por isso, e não mais esperando que o destino se encarregue de fazer acontecer. É uma experiência libertadora poder ser, enfim, você mesma, na cama e fora dela, assumindo o que quer, da forma como quiser, e recebendo as recompensas por isso, tornando sua vida mais plena de significado.

Depois de sermos ensinadas dentro de um dado padrão de comportamento, pode levar anos para nos livrarmos da vergonha, da culpa, das inibições e dos velhos hábitos impostos desde o nascimento. Tente abreviar esse tempo.

Coloque simplesmente de lado essas inibições, sejam elas físicas, estéticas ou de falso moralismo, não deixando que sejam fatores de bloqueio nessa sua busca. Eu já fiz esse caminho e lhe asseguro que vale a pena compreender a dimensão de seu valor como mulher e tomar as rédeas de sua vida em busca de felicidade.

O VERDADEIRO ÓRGÃO SEXUAL: A MENTE

A maioria de nós tem projetada na mente a imagem da mulher sensual e desinibida que gostaria de ser – daquela que se comporta na cama com desenvoltura e naturalidade. Mas, também para a

maioria, essa imagem fica apenas no plano mental e é rapidamente afastada cada vez que ameaça tomar forma mais intensa.

A mente é o nosso verdadeiro órgão sexual, aquele que nos impele a ir ao encontro do prazer ou a fugir dele. Precisamos nos libertar desses padrões impostos pela sociedade, pela família e por nós mesmas, pois eles seguramente nunca nos levaram nem nos levarão a uma vida saudável e harmoniosa. Como fazer isso? Abrindo nossa mente às possibilidades de ter prazer para, assim, enriquecermos realmente nossa vida sexual.

Não deixe sua vontade apenas dentro da mente, guardada como um tesouro inútil. Não deixe que aquela vozinha lhe diga ao ouvido: "Pare! Boas garotas não têm esse tipo de sentimento ou de desejo. Boas garotas não fazem isso ou aquilo…" Analise como você foi programada e o quanto isso a está impedindo de obter sua própria e plena satisfação sexual. Em matéria de sexo, permita-se gostar, buscar, sentir-se bem, divertir-se, masturbar-se sempre que tiver vontade. Ainda que durante anos você tenha sido programada para não praticar o sexo ou para fazer o mínimo necessário, é exatamente o contrário que venho lhe dizer agora.

Acredite, se lhe ensinaram que boas garotas não gostam de sexo e que devem deitar-se na cama e pensar na pátria até o ato sexual terminar, é hora de mudar isso! Olhando ao redor, diante de tudo o que nos impingiram como conceito verdadeiro, diante de tudo o que podemos ver ou sentir, é fácil constatar que as mulheres que praticam sexo de forma saudável e espontânea estão lucrando muito mais. No entanto, comece devagar: leia, informe-se sobre todas

as dúvidas que tenha, peça orientação de um terapeuta sexual, se necessário.

Quando descobrir que nada é ruim em matéria de sexo (a não ser o que agride você ou o seu parceiro de alguma forma), você passará a olhar para sua cama e encará-la com novos e bons olhos.

SEGUNDO PASSO: CONHEÇA SEU CORPO

Você já se olhou realmente? Já tirou a roupa na frente de um espelho e parou para se olhar por completo? Diante dessa pergunta, alguém pode dizer: "Ah, sim, tenho celulite e estrias. Em alguns pontos, sou cheia demais; em outros, sou muito magra, e em outros…" Pare. Pare. Pare! Você está se olhando com os olhos de sua pior inimiga. Está se examinando com os olhos da mídia, da publicidade, que quer mostrar que mulher bonita e sensual é aquela que tem o corpo perfeito. Pare já!

Se acha que só um corpo 100% perfeito é capaz de dar prazer enlouquecedor, se vai para a cama preocupada com o seu corpo, eu lhe digo: tudo isso é perda de tempo, e o que é pior: você não está se divertindo, nem divertindo ninguém. Se tem vergonha de estar sendo olhada quando faz amor, esse sentimento, por si só, já é suficiente para impedi-la de relaxar e de se entregar totalmente. Muitas de nós imaginam que, para o sexo ser perfeito, o corpo também precisa ser – puro engano.

O que precisa estar em perfeita ordem é a autoestima. Nossa autocrítica possui uma enorme lente de aumento, que salienta sobremaneira tudo aquilo de que não gostamos e diminui consideravelmente o que achamos bonito em nós mesmas. Isso, porém, deve funcionar exatamente ao contrário.

Eis um fato inegável: você é bonita se acreditar que é bonita! Como diz a maravilhosa Louise Hay: "O que pensamos sobre nós torna-se, para nós, a verdade". Durante doze anos de minha vida, ministrei aulas de manequim e modelo. Vi então, nesse período, com meus próprios olhos, que garotas bonitas, mas sem conteúdo, tinham pouco sucesso em manter um relacionamento. Já aquelas não tão bonitas, ou nem um pouco bonitas (olhando com os olhos perversos da mídia), porém que se amavam, que se gostavam, conseguiam brilhar muito mais, tanto com seus parceiros como na própria passarela. Nosso desejo de parecer atraente para o sexo oposto é natural. Mas não podemos transformar esse desejo em condição para obtermos uma vida afetiva e sexual satisfatória. Entregue-se para o homem que você ama como a mais bonita das mulheres: se esse for o seu parceiro ideal, é assim que ele receberá você. Acredite: beleza e sensualidade são os filhos da boa autoestima. Entregue-se para o seu amado e para a sua vida de forma desinibida, alegre. Ame o corpo que Deus lhe deu, cuide dele e não deixe nunca que um homem a faça pensar que você não tem valor em razão de sua aparência. Se, no entanto, encontrar pela frente alguém assim, pode ter certeza: esse alguém não vale a pena.

A certa altura do meu primeiro casamento, quando as coisas não andavam bem, decidi fazer uma plástica. Não porque a ideia realmente me agradasse, mas, sim, porque minha autoestima andava tão baixa que eu pensava que com isso salvaria meu casamento.

Contudo, não é um bisturi ou uma *lingerie* insinuante que pode salvar um relacionamento. O que conta é que você se goste muito e que tenha um homem que a valorize do jeitinho que você é – alguém como eu tenho hoje. E, se o tenho hoje, é porque fiz a minha primeira grande plástica no local que de fato deveria ser feito: na minha autoestima.

Olhe-se sempre no espelho valorizando o corpo que tem. É natural não gostarmos de alguma coisa em nosso corpo. Mas fazer desse desamor uma venda, que nos cega totalmente para os aspectos mais bonitos que possuímos, ou fazer disso uma bandeira para sermos infelizes é arrasar com a autoestima e, em consequência, com o relacionamento. E como agora eu sei disso! Meu marido atual me acha lindíssima, eu também me acho… e as minhas gordurinhas a mais ou a menos continuam ali, no mesmo lugar.

O que é ser *sexy*? Uma mulher *sexy* é aquela que se gosta, que se assume do jeito que é e que passa essa aceitação e uma boa dose de segurança para todos à sua volta. Essa não é uma definição minha: é o resultado das respostas colhidas da maioria dos 400 homens com quem troquei ideias a respeito. Esse gostar de si deve refletir-se em todos os aspectos de nossa vida, pois às vezes nos sentimos muito bem quando estamos com roupa, mas, na hora da nudez, entramos em pânico.

Então, passamos a maior parte do tempo tentando esconder o que não nos agrada, apagando a luz, calculando a luz certa, pensando na posição certa, no tamanho das cobertas, etc. Para transmitir beleza e sensualidade, você precisa, antes, sentir-se bonita e sensual. Pouquíssimas pessoas têm corpos ou rostos perfeitos e,

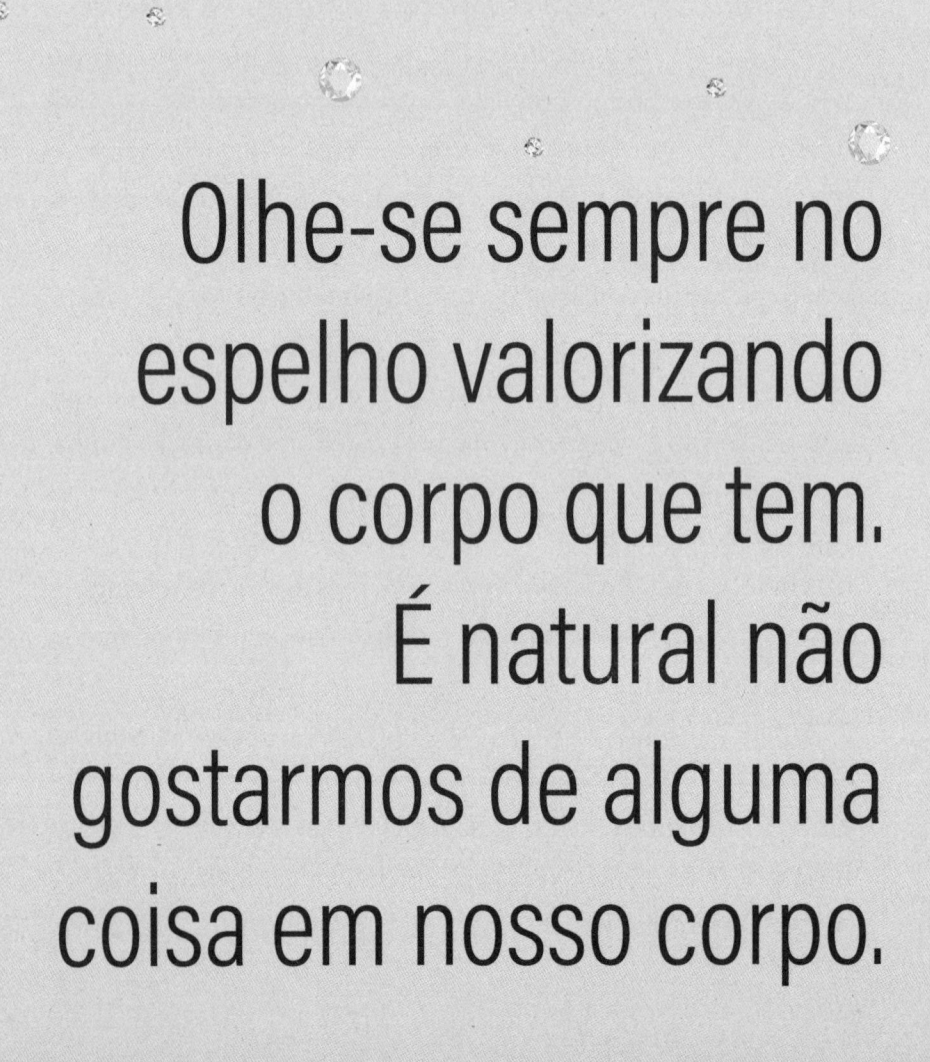

Olhe-se sempre no espelho valorizando o corpo que tem. É natural não gostarmos de alguma coisa em nosso corpo.

mesmo assim, isso não é sinal de que elas sejam *sexy* ou boas de cama. Lembre-se de que seu amado também não é perfeito! Aliás, o que é a perfeição? Será que é o que a mídia dita? Pense um pouco. Perfeição é aquilo que Deus lhe deu, é você em relação à sua própria natureza, é se gostar e assumir isso. Ser sensual é uma questão de atitude: se você se sentir feia, vai passar essa noção a quem estiver à sua volta; se você se sentir bonita e se gostar, essa será a ideia que você transmitirá.

Vamos voltar então à pergunta que lhe fiz no início: você já se olhou realmente no espelho? Pois faça isso, e faça-o com prazer, descobrindo tudo de belo que possui. Faça isso descobrindo o que você quer valorizar, tudo de bom que tem para oferecer, e, acima de qualquer coisa: ame tudo o que estiver vendo, pois você é um ser lindo, divino, único e especial. Se não achar isso, ninguém mais vai achar, nem mesmo seu próprio marido.

VISUALMENTE FALANDO

O aspecto visual é o mais importante nesse seu caminho de transformação. Pratique todos os cuidados possíveis, não como uma obrigação, mas como uma redescoberta de si mesma. Quando passamos a prestar atenção em nós mesmas de forma positiva, percebemos que existem pontos que podemos melhorar e outros que não podem ser modificados, com os quais podemos e devemos conviver, sem neuras.

DICAS IMPORTANTES

Cabelo e pele: seu cabelo está bem cuidado? E sua pele? Se não estão, é hora de procurar melhorar. Caso não saiba como fazer, peça ajuda a um bom profissional. De quebra, você se sentirá ótima. Não espere uma ocasião especial. O especial da ocasião é você! *Cuidados*: a melhor maquiagem é uma pele bem cuidada. Você pode valorizar o conjunto com uma maquiagem, mas não exagere, pois o homem gostará mais de ver e de sentir sua pele. Não tenha sempre aquele cabelo armado, com grampos e fixadores, do tipo "não me toque". Procure manter um cabelo bonito, sedoso e que convida ao toque.

Corpo: faça sempre algum exercício, que pode ser uma simples caminhada. Isso fará bem ao seu corpo e à sua mente. Não dá para querer ter um sexo empolgante se você estiver esgotada até mesmo para caminhar. Deixe a preguiça de lado, deixe as desculpas de lado e mexa-se: pratique alguma atividade que, principalmente, dê prazer a você. Cuide da pele do seu corpo. Existem tratamentos que deixam a pele supermacia e lisinha. Se quiser, faça em casa: aplique com uma bucha, após o banho, uma pasta feita com açúcar e água. Após enxaguar, passe creme hidratante perfumado pelo corpo. Você sentirá a pele macia, cheirosa e lisinha.

Depilação: experimente, de vez em quando, formas diferentes de depilar a região pubiana. Aliás, as áreas em que existem pelos devem ser muito bem cuidadas, não apenas por questão de estética, mas porque isso as torna mais agradáveis. Hoje existem métodos

modernos de depilação, rápidos e nem um pouco desconfortáveis. Numa boa clínica de estética, você pode obter orientação adequada sobre depilação, tanto para as pernas quanto para as axilas e a área genital – um cuidado especial nessa área vale a pena.

Cheiro: você se sentiria atraída a fazer sexo oral com um homem descuidado, relaxado, com mau odor na área genital? Se sua resposta é não, creia-me: ele também não! Assim, antes de iniciar um ato amoroso, certifique-se de que não existe odor vaginal. É melhor retardar por alguns momentos as manifestações de carinho e perder algum tempo lavando cuidadosamente essa área do que passar muito tempo lembrando-se de um odor desagradável manifestado na ocasião. Agora, se o odor vaginal for um caso crônico, consulte um médico. Uma dica interessante: reserve um perfume ou loção especial só para a área genital. No entanto, não se perfume em excesso; basta um leve toque.

Postura: evite ombros caídos e costas encurvadas. Caminhe com dignidade, não como alguém que merece um castigo. É muito bonito, sem exageros, manter uma boa postura.

Andar: assuma um andar leve, com os pés direcionados para a frente, um paralelo ao outro. A forma como você anda mostra muito como você se vê e se impõe no ambiente.

Olhar: não dizem que os olhos são as janelas da alma? Mantenha um olhar confiante e direcionado para a frente. Não ande de cabeça baixa, como se estivesse se escondendo do mundo.

Fisionomia: mantenha um semblante sempre alegre. Um rosto confiante, leve, sereno e simpático torna você muito mais atraente.

Roupas: muitas vezes, decorrido algum tempo do casamento, começamos a usar roupas folgadas porque são mais confortáveis e "condizentes com o papel de mulher casada", usamos cabelos práticos, assumimos por completo a calça de moletom e a camiseta e, quando menos esperamos, nós nos transformamos em uma confortável… almofada. Se você se habituar a isso, no momento em que precisar exercer sua feminilidade – e esse momento sempre acontece – utilizando um visual diferente, o máximo que conseguirá será sair às pressas e comprar uma roupa nova, mas fatalmente do tipo que está habituada a usar. Por exemplo: se está acostumada a usar calça *jeans* e camiseta todos os dias, quando quiser algo novo, provavelmente comprará uma nova camiseta e uma nova calça *jeans*. Ou seja, o padrão não foi mudado. Não há nada de errado com esse ou qualquer outro tipo de vestuário tido como confortável, mas é muito bom que a mulher saiba explorar também o seu lado ousado, feminino, sensual, pelo menos algumas vezes durante a semana. Sem falar que seu marido às vezes sai de casa pela manhã, quando você ainda está de pijama. À noite ele retorna e você está novamente de pijama. Nos fins de semana, você também usa roupas confortáveis para ficar em casa. Em resumo, se esse hábito se prolongar por meses ou até anos, o único parâmetro visual que ele terá de você como mulher não será lá dos melhores. Assim, de vez em quando, valorize o que tem de bonito por meio de uma roupa mais atraente. Faça uso de diferentes cores e modelos e veja

o resultado. Certamente não será apenas o seu parceiro que notará a transformação.

O homem é, originalmente, um caçador. Seu homem, ao perceber que você está chamando a atenção de outros caçadores (pela sua aparência bem cuidada), caso não esteja dando a devida atenção ao relacionamento, passará a valorizá-lo a partir de então. É importante que você não se violente, tentando usar algo de que não gosta só porque está na moda. Mas você pode e deve investir em graça e em feminilidade e, por que não, às vezes também em um pouco de ousadia. Vale a pena ainda valorizar seu guarda-roupa íntimo, a fim de que ele realce tudo o que você tem de bonito.

Acrescente coisas novas ao seu visual de forma natural e que lhe sejam agradáveis, sem a obsessão de se tornar perfeita, apenas como um complemento. O principal é que, ao fazer isso, você se sinta bem consigo mesma, arrumada ou ao natural, mas sempre com aquele toque de charme. E não é preciso gastar rios de dinheiro. A melhor dica é comprar tecidos, escolher uma boa costureira, folhear revistas de moda para ver o que lhe agrada e comprar peças de qualidade que durem bastante, de preferência que combinem com algo que você já tenha no seu guarda-roupa, pois assim serão mais bem aproveitadas. A mulher que se cuida e que demonstra ao homem que se aceita e se gosta, seja por meio do cabelo, seja por meio da pele ou da *lingerie*, por si só já é muito atraente.

A cama: olhe seu corpo sempre com carinho e pense nas coisas que ele é capaz de fazer para agradar, na hora do amor, não apenas a si mesma, mas também ao seu amado. Assim, a cama será um lugar agradável, para onde você terá vontade de ir, e não um local assustador, de onde você vive fugindo. Assuma uma atitude positiva nas suas relações, ou seja, entregue-se ao parceiro como a mais gostosa das mulheres, pois será assim que ele a receberá. Se você vai para a cama como que pedindo desculpas pela figura de mulher que é, nunca poderá passar a imagem de alguém sensual.

Plástica ou tratamentos cirúrgicos estéticos: se já pensou, já avaliou as consequências, já encontrou um médico de sua confiança e está mesmo determinada a se submeter a uma cirurgia plástica ou a tratamentos estéticos feitos por meio de pequenas cirurgias, eu lhe desejo o melhor dos resultados. Vale a pena fazer plástica quando você se gosta, mas quer mudar algo para se sentir ainda melhor. Se esse tratamento está relacionado a uma frustração com a vida, se é um recurso para tentar salvar um relacionamento, ou se você imagina que só a partir dele poderá ser feliz de verdade, então a primeira coisa a ser mudada é a sua forma de pensar.

TERCEIRO PASSO: PARA SERMOS AMADAS, DEVEMOS NOS AMAR PRIMEIRO

Tente passar por cima da ideia de que a frase acima é um chavão e aceite o fato de que é corretíssima! A mulher que se ama, que faz as coisas de que gosta, independentemente do círculo familiar, que cuida muito bem de si mesma, que tem alegria e vitalidade, é uma criatura muito atraente, uma criatura magnética. Ao contrário,

mulheres apáticas, que se acham feias e não merecedoras, não são atraentes. São criaturas aborrecidas e lamurientas. Tenha uma vida que lhe dê prazer. Se o seu marido saiu para jogar bola, pense em fazer alguma coisa agradável para si mesma nesse período. Muitas mulheres veem como insulto pessoal a necessidade de recreação do homem ou a vontade dele de ficar um pouco só, pois concentram sua atenção e suas energias exclusivamente nele e no casamento. Assim, ficam em casa se lamentando. Não faça isso – ao contrário, faça coisas que lhe deem prazer.

Se você pensa que, na realidade, o futebol é um meio de encobrir a presença de outra mulher, de duas, uma:

SE VOCÊ ESTIVER CERTA: quando ele voltar do que alega ser um jogo de bola, encontrará uma mulher leve, bonita, relaxada... Ou quem sabe não a encontre, pois você também nem chegou em casa ainda! O que ele não encontrará é uma mulher com os olhos inchados de tanto chorar, ou uma mulher descontente e cheia de lamentos, coisa que o levaria imediatamente a uma comparação entre essa e outra, mais alegre e descontraída, que tenha conhecido fora.

SE VOCÊ ESTIVER ERRADA: fazendo o que gosta, você terá se divertido.

Não terá diminuído sua autoestima, parecerá bem-disposta. E, principalmente, ambos terão novidades para contar um ao outro sobre as horas que passaram fora. Uma mulher pegajosa não é nada sensual. Se você se mostra inteira, vibrante, o seu homem fatalmente sentirá muito mais medo de perdê-la. Diferentemente daquele que sabe que a esposa ficará chorando e se lamentando dentro de casa até ele voltar. Afinal, você quer um pai que a console ou um homem que a ame? Ame-se por completo. Abra caminho em sua vida pessoal, profissional e espiritual. Não dependa do marido para autorizar momentos felizes ou infelizes para você. A vida é o que nós fazemos dela!

QUARTO PASSO: DECIDA SER RESPONSÁVEL POR VOCÊ MESMA, NA CAMA E FORA DELA

ORGASMO: SUA RESPONSABILIDADE (DERRUBANDO MITOS)

Eu gostaria que você prestasse muita atenção nesse ponto, pois isso nunca nos foi ensinado e contém uma das chaves de um bom relacionamento. Precisamos parar de pensar que os homens podem ler nossa mente, adivinhar e realizar nossos mais íntimos desejos sexuais. Ensinaram-nos que bastava que nos deitássemos na cama e que o homem se encarregaria de tudo, inclusive de nossos orgasmos. E o curioso é que muitos homens também aprenderam que a responsabilidade pelo prazer sexual é deles. É muito mais prazeroso para ambos que o homem seja libertado dessa responsabilidade e que a mulher assuma a sua parte no jogo afetivo e sexual, quando ambos buscam (e encontram!). Comece, pois, a ser também responsável pelo seu próprio orgasmo. "Como?", perguntaria você. Veja algumas dicas a seguir.

Muito prazer. Eu sou o seu corpo! Além de ler e de se informar sobre todos os aspectos referentes à sua sexualidade, aprenda também a explorar o seu corpo sem medo, pois você não pode ter domínio sobre algo que não conhece ou não compreende. Para nos relacionarmos intimamente com alguém, devemos conhecer nossos próprios sentimentos, desejos e potenciais. Esse conhecimento nos dará uma ideia mais clara de como buscar o prazer, próprio ou do parceiro. Assim, conheça o corpo que ele toca, passeando suas mãos pela sua pele, pelo seu rosto, pela sua boca. Deite-se na cama e, depois de explorar todo o seu corpo com as mãos, relaxe um pouco. Agora, deixe vir à mente tudo o que você gostaria que seu marido lhe dissesse durante o ato sexual e tudo o que gostaria que ele lhe fizesse de hoje em diante. Não tenha pressa. Pense nas fantasias mais imediatas que gostaria de realizar com ele, toque seus genitais do jeito que deseja que ele a toque, entregue-se a esse prazer. Pode ser que você conduza isso até a masturbação, e isso é bom. A mulher, quando se masturba, está simplesmente fazendo amor consigo mesma, como uma jovem que se toca, descobrindo o próprio corpo. Nessa hora, ela está despreocupada, descontraída, apenas voltada para o seu próprio prazer. É quando ela viaja em suas fantasias e descobre os pontos do próprio corpo que mais lhe agradam. Esse é um dado curioso: por que é mais fácil, a princípio, chegar ao orgasmo através da masturbação?

Os motivos principais são os seguintes: nesse momento, a pessoa está relaxada, não está preocupada em saber se o seu corpo está agradando ou não, se está fazendo a coisa certa na hora certa, se o outro está gostando ou não, se tem luz demais ou de menos (todos esses "se" inibem o orgasmo). Nesse momento, também, estamos sendo egoístas no bom sentido, ou seja, estamos nos tocando exatamente do jeito que nos dá prazer. Pense como foi gostoso passear suas mãos pelo corpo, com o pensamento livre, solto e despreocupado.

Agora, é exatamente essa a nova atitude que você incorporará nas suas relações com o parceiro.

COMUNIQUE-SE, SEXUALMENTE FALANDO

As delícias de uma relação sexual prazerosa não caminham junto com a inibição, os preconceitos, o falso moralismo, o pudor ou a falta da franca comunicação entre os parceiros. Se você é capaz de conversar tantas coisas com ele, se ambos decidem juntos tantos outros assuntos importantes, não devem temer o fato de falar abertamente sobre algo tão, ou mais, importante que é a intimidade. Cada indivíduo, assim como cada casal, encerra um mundo diferente, único, com histórias e vivências diferentes e únicas. Portanto, vale a pena conhecer todo o potencial erótico do outro, sem receios. Apesar de a comunicação ser a chave para um relacionamento perfeito, a maioria das pessoas não sabe se comunicar sobre sexo ou perguntar algo relacionado a isso. Quando eram crianças, o assunto era proibido, e, quando jovens, o assunto continuou sendo um tabu, restringindo-se a frases soltas e conversas rápidas nos banheiros e mesas de bar.

Depois de adultas, as pessoas são cobradas pela sociedade e também cobram de si mesmas a felicidade sexual e afetiva plena e rica. Sem falar que o homem e a mulher recebem educação diferenciada, isto é, tudo é permitido ao homem, e seu valor é maior quanto mais ele faz, enquanto, para a mulher, o recato é considerado a sua maior virtude. Hoje em dia, existem cursos e professores para tudo, até mesmo para ir à lua.

Contudo, o ensino do sexo ainda é tido como algo, se não explicitamente proibido, no mínimo pouco aceito. Quando você se envolve amorosamente com alguém, vêm as dificuldades. Se você não pode se abrir sexualmente com seu homem, com quem mais poderá fazer isso? Assim, se ambos aspiram a uma vida sexual mais satisfatória, comecem pela comunicação.

- Revele ao seu marido seus gostos, desejos, necessidades. Peça-lhe também que fale sobre os dele.
- Respeitem os limites um do outro, conversando também sobre o que incomoda cada um.
- Tente resolver velhas mágoas e ressentimentos: não deixe que os problemas de ontem afetem o dia de hoje, pois a lembrança dos fatos, se alimentada, interfere na intimidade. Se o relacionamento ainda vale a pena, também é certo que vale a pena enterrar o passado.
- Comuniquem-se de forma clara. Se não conseguem falar claramente no início, façam o jogo dos três desejos, em que cada um escreve três desejos para o outro realizar, afetiva ou

sexualmente. Isso já é um bom começo, mas não perca de vista um ideal a ser alcançado entre vocês, que é a comunicação franca e constante.

- Um bom relacionamento nunca deve funcionar na base da adivinhação, mas, sim, na base da completa informação mútua. Vocês podem começar aos poucos e ir expandindo essa comunicação até o ponto em que um confia no outro por completo, sem receio de se abrir. Ouça atentamente o que ele tem a dizer e tente entendê-lo sem julgamentos. Dividam seus gostos, seus desejos, seus limites. Esse aspecto é fundamental para ambos. De nada adianta que a mulher se comunique bem se o homem se fecha ou não responde de maneira clara. Ele também deve ser receptivo à comunicação. Ocorre, às vezes, que o homem recebe a mensagem como sinônimo de que não está sendo adequado, e por isso ele se fecha ou reage de modo negativo ou agressivo. A mulher, por sua vez, ao se comunicar, extravasa emoções e ressentimentos há muito contidos, pois os guardou até tomar coragem para revelá-los, e isso acaba piorando qualquer possibilidade de diálogo. Existe o momento certo para dizer as coisas e passar assuntos a limpo.

Experimentem conversar sobre um assunto importante no momento em que tudo estiver calmo, em que ambos estejam alegres ou descontraídos, e experimentem ter como objetivo a harmonia e o desejo mútuo de agradar. Os resultados serão compensadores.

PARTICIPE

Se você já refletiu sobre o orgasmo, percebeu que a mulher não deve fazer com que o homem se sinta responsável pelo dela. Ela não deve se deitar na cama e imaginar que o parceiro vá adivinhar todos os seus pensamentos, como já foi dito, esperando que algo mágico aconteça. O príncipe que nos carregaria nos braços para dentro de um castelo de orgasmos, que se incumbiria de nos dar prazer, bastando que ficássemos quietas e dóceis, não existe. Você não deve ficar ali deitada ao acaso, sentindo-se frustrada se o momento não corresponde ao que esperava, mas deve, sim, revelar ao homem as coisas de que você gosta e as coisas de que não gosta. E deve ir além, não se limitando a revelar, mas também buscando você mesma o prazer que quer e que tem direito a sentir.

Hoje, a maioria dos homens não deseja nossa obediência e nossa postura servil, como era exigido de nossas tataravós. Ao contrário, eles sentem um grande alívio quando não precisam provar à parceira que são super-heróis na cama. Quando um homem percebe que a mulher está delegando a ele toda a responsabilidade de um ótimo sexo, sente uma pressão muito grande para que seu desempenho seja 100%. Dessa maneira, na busca de um bom desempenho, ambos perdem coisas preciosas pelo caminho, tais como a intimidade, o carinho, a manifestação do amor. Não a responsabilidade de ele adivinhar como fazer com que você chegue ao orgasmo.

Portanto, não o direcione com críticas ou regras, mas com elogios. Diga-lhe francamente e com clareza do que gosta e do que não gosta, pois assim não transformará em uma exaustiva tarefa o que deve ser um prazer natural. Ser bom amante não significa ter acumulado muitas experiências anteriores. Uma boa amante não vai para a cama simplesmente pensando em que técnica adotar para fazer com que o homem tenha ereção e gozo. Uma boa amante explora todos os sentidos, diverte-se, aprecia o momento, tem prazer com as carícias e com a companhia do parceiro. Uma grande amante se concentra no que está fazendo naquele momento e no prazer que está proporcionando. Ela faz com que o parceiro se sinta *sexy*, maravilhoso, desejável. Ela o deixa saber que, se está movida pelo desejo, o motivo é justamente o homem que tem ao seu lado. Uma boa amante não faz uma carícia pensando estar acionando o ponto exato da ereção, mas aprecia a carícia em si mesma e o prazer que está proporcionando a ele.

Nós gostamos de parceiros criativos, sensíveis, carinhosos e românticos. Eles também gostam. Temos inseguranças, mas precisamos reconhecer que eles também as têm. Não encare o homem, portanto, como uma muralha difícil de ser escalada. Encare-o como um ser único e perfeito, com quem você tem a possibilidade de se completar.

MUDANÇAS

Agora, um detalhe: em matéria de vida sexual e afetiva, não devemos aceitar viver o papel que nosso marido queira determinar para nossa vida se algo nesse papel não corresponde à nossa natureza genuína. Seja sempre você mesma.

Não se esforce a ponto de se violentar para se transformar em alguém que na realidade não gostaria de ser. Não finja para ele ou para si própria, para não se perder atrás de uma máscara. Caso ele se mostre confuso com sua mudança – se felizmente você decidiu mudar de verdade –, mostre que você não é santa ou devassa, mas apenas uma mulher que agora deseja expressar-se melhor sexualmente, da maneira como sente vontade, que isso tudo tem a ver com o desejo de conseguir um entrosamento maior para a relação.

OSCAR DE MELHOR ATRIZ

Nunca finja ter um orgasmo. Fazendo isso, o homem nunca aprenderá realmente o que lhe dá prazer ou não. E o que é pior: quando você sentir um orgasmo de fato, terá reações espontâneas tão diferentes das que simulava antes que todo o seu papel teatral irá por água abaixo. Quando fingimos, não estamos tentando enganar apenas o parceiro; estamos enganando também a nós mesmas. Será que estou dentro das estatísticas? Não dê importância às estatísticas. O melhor de todos os orgasmos é aquele que você tem, do jeito que você quer e pode ter, não importa por qual tipo de estimulação – oral, vaginal, manual ou outro. Os livros que consultamos mostram o orgasmo como algo semelhante a explosões, erupções vulcânicas, tempestades, terremotos. Os filmes nos mostram mulheres que parecem sucumbir na hora do orgasmo. Isso é ótimo no cinema, porém péssimo na cama, pois, de repente, pode ser que o seu orgasmo não venha acompanhado de nenhuma dessas

manifestações e nem por isso será menos gratificante. Não queira comparar o orgasmo a tudo o que vê e ouve sobre ele.

Um orgasmo bom só é bom porque é seu. Ora mais intenso, ora mais brando, ora até mesmo inexistente enquanto manifestação física: o que importa é que o momento de intimidade tenha sido bom, o que por si só já valeu muito.

BATE-PAPO SOBRE FANTASIAS

Nós podemos pôr em prática as mais variadas fantasias. A única regra é que elas não sejam desconfortáveis para o parceiro, isto é, que não envolvam algo que o desagrade profundamente. Tudo aquilo que você jamais sonhou ser ou ter pode se concretizar dentro de uma fantasia sexual. Você pode ser a pessoa que quiser, você pode ter a pessoa que quiser. Pode estar no lugar que quiser e dentro das circunstâncias que imaginar. A fantasia não é algo errado ou anormal, desde que você não violente a si mesma ou ao seu marido. A maior parte de nossa vida é previsível, racional, e por isso achamos que é errado alimentar fantasias, por serem sempre inusitadas e por fugirem dos estereótipos.

Nada disso: as fantasias são férias do cotidiano e servem para extravasarmos os nossos desejos mais íntimos. Não são algo que se tenha que explicar, pois não se adaptam aos modos racionais de pensamento. Existe uma grande diferença entre fantasiar uma coisa e desejar que ela aconteça. Por exemplo: não é porque a fantasia de uma mulher é a de que o homem entre no quarto, rasgue suas

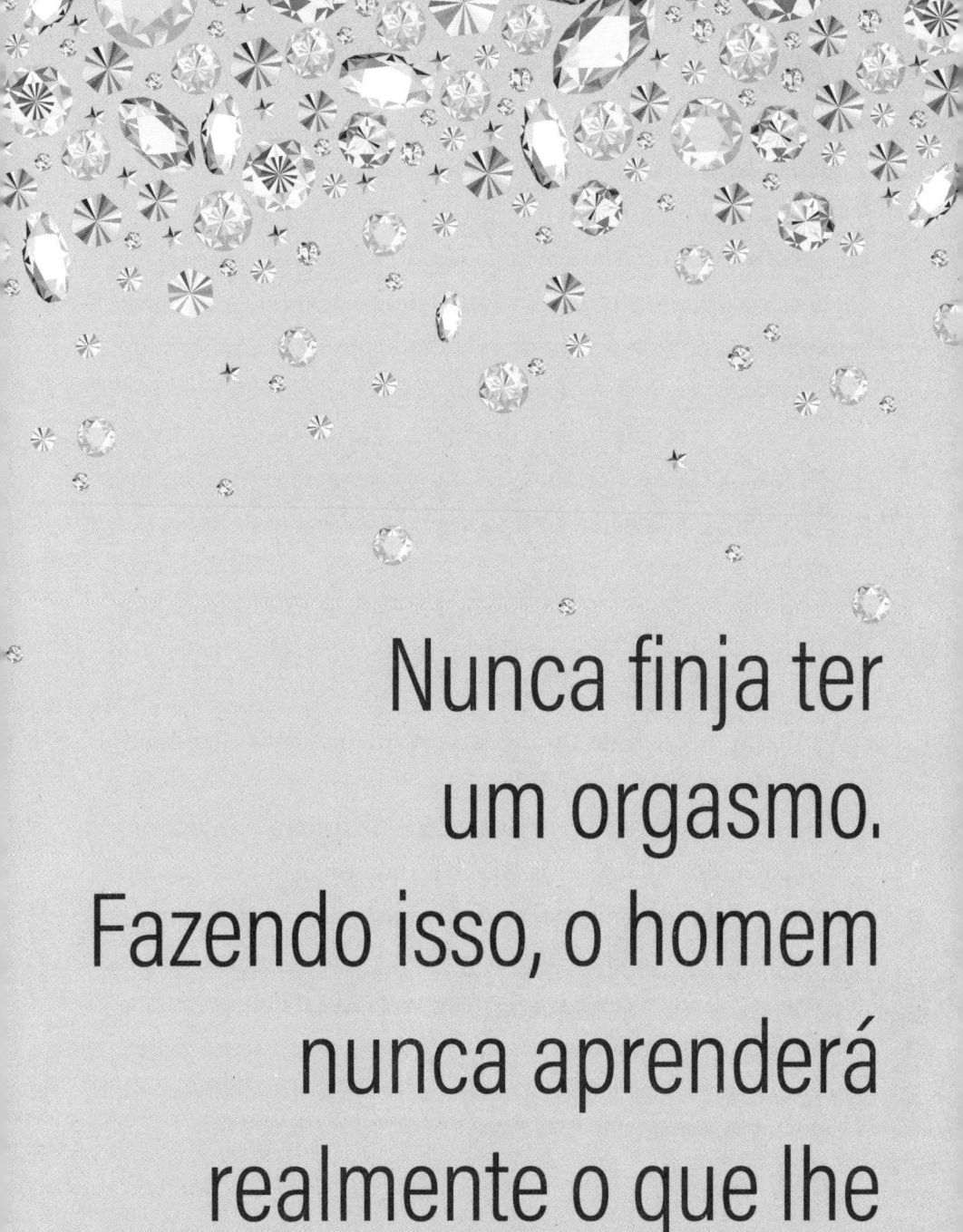

Nunca finja ter um orgasmo. Fazendo isso, o homem nunca aprenderá realmente o que lhe dá prazer ou não.

roupas e faça amor com ela de forma intensa e apaixonada que ela deseje ser estuprada.

As fantasias são normais e saudáveis entre um casal e podem reforçar o relacionamento de forma muito diferente e agradável para ambos. O perigo não está na fantasia em si, mas, sim, na culpa, no medo ou na vergonha que podem segui-la. No campo sexual, nada deve ser acompanhado desses sentimentos negativos. Desde que seja benéfica para ambos, a fantasia serve para divertir, excitar, educar-nos sobre nossas vontades e preferências e as de nosso parceiro, bem como refrescar e revigorar nosso dia a dia. Experimente, sem medo, expor suas fantasias e deixar que seu marido exponha as dele. Você terá uma vida sexual mais rica. Fazer um jogo fantasioso pode ser difícil, a princípio.

Muitas vezes, sentimo-nos ridículas ou tememos a reação do homem com quem convivemos. Entretanto, eu lhe digo: se ele for uma pessoa aberta e receptiva, certamente entrará (ou pelo menos tentará entrar) no jogo com você. Quando isso acontecer, ambos experimentarão juntos uma nova dimensão do prazer. Dentro da fantasia, tudo é válido – desde imaginar um local diferente, uma circunstância diferente ou fazer de conta que você e ele são pessoas diferentes. Algumas cenas ou situações também podem ser originadas de um filme de que você tenha gostado, que tenha mexido com você e que deseje transportar para a vida real. Lembro-me de alguns casos que minhas alunas me relataram logo após os cursos. Uma aluna, ao sair do curso de massagem sensual, disse-me que ligaria para o escritório do marido, que habitualmente fazia sessões de massagem em casa com um massagista profissional, avisando do

horário da próxima sessão. Na hora combinada, porém, ela mesma apareceria vestida de branco, bem *sexy*, e realizaria a massagem sensual no lugar da sessão esperada. Outra aluna me contou que perguntou ao marido qual era a fantasia sexual dele e obteve a seguinte resposta: "Nenhuma". Diante disso, ela perguntou: "Se você não tem nenhuma, posso começar a realizar algumas minhas? ".

Como era um parceiro receptivo, ele não fez objeção alguma. Assim, certo dia, ao chegar em casa, encontrou-a vestida com uma roupa bem *sexy*, uma versão erótica de um uniforme de empregada doméstica. Quando ele entrou na sala, ela disse: "O seu drinque, senhor! ". Ele pareceu confuso por alguns momentos, mas em seguida entrou no jogo. Depois de algum tempo, passou a comunicar, ele próprio, as coisas que gostaria que ela fizesse, e vice-versa. Ela veio me dizer: "Hoje sabemos que podemos ser o que quisermos, fazer um para o outro tudo o que sentimos vontade de fazer em matéria de sexo. Nós nos divertimos, eu aprendi a me soltar e a não ter medo de expor o que eu quero. Ele, por sua vez, não me comunicava muitas coisas por medo de que eu o interpretasse mal. Hoje, isso acabou! ".

A fantasia abre outra porta: a porta da comunicação, sem medos, culpas ou vergonhas. Se não for muito fácil falar claramente o que deseja na primeira vez, siga o exemplo de outra aluna, que escreveu um bilhete para o marido, dizendo: "Você raptou uma linda garota. Ela está presa no quarto dos fundos, e o prêmio do resgate será a satisfação de seus desejos sexuais". Feito isso, ela entrou no quarto e ficou à espera dele com uma linda *lingerie*. Vendou os próprios olhos e simulou que estava com as mãos amarradas. Ela me contou

depois: "Naquele dia, eu estava com conjuntivite, mas me sentia excitada também. Ficava oscilando entre fazer ou não amor com ele, com medo de transmitir a conjuntivite. Pensando em tudo o que você disse, criei coragem e simulei esse 'rapto'. Senti um tremor gostoso quando ouvi os passos dele entrando no quarto. Nem preciso dizer que a noite foi ótima e que foi salva por uma fantasia".

Outra fantasia que merece ser comentada é a da "primeira vez". Vocês podem marcar um encontro em algum lugar, como se ainda não se conhecessem, e iniciar uma paquera e um jogo de sedução a partir desse "encontro". Solte a sua imaginação, espante a rotina, pense em algo que lhe agrade... e viaje.

SEXO ORAL

Muitas pessoas acham que sexo oral é simplesmente um estímulo dado pela boca no órgão sexual do parceiro. Mas a importância dele é bem maior: o beijo é o princípio básico do sexo oral – beijar na boca, no peito, no pescoço, em qualquer parte do corpo, inclusive nos órgãos genitais.

O sexo oral realizado pelo homem na mulher, quando ele sabe como ela gosta, é muito prazeroso e estimulante. Mas, para que o homem saiba disso, só há dois caminhos: ou ele pergunta diretamente à mulher, ou ela lhe ensina como prefere ser estimulada oralmente, pois somente ela tem a resposta. Se seu parceiro não a agrada durante o sexo oral, mostre a ele, gentilmente, como gostaria que fizesse. Caso ele tenha algum problema em fazer sexo oral,

converse sobre o motivo disso: entre tantos outros, os homens foram criados na crença de que fazer sexo oral na parceira os torna menos homens. Eles foram ensinados a pensar que a única coisa viril e importante é a introdução do pênis na vagina. E nós sabemos que não é nada disso.

Nossos órgãos sexuais, desde que devidamente higienizados, são tão limpos e agradáveis quanto qualquer parte do corpo. Se ele parece não apreciar o gosto do seu sexo, desde que você não tenha um problema de saúde a ser tratado, pode soltar a imaginação, usando, por exemplo, geleias, chantili, mel, etc.

Esse recurso pode não só tornar o sexo oral mais saboroso como é uma ideia divertida e também um jogo erótico que excita e seduz. Quando a mulher estimula o homem oralmente, transmite a ele sensações infinitas de prazer. Além disso, uma mulher que faz isso por prazer é uma parceira constante na vida do homem. Isso porque o pênis é o ponto máximo de concentração da masculinidade. Quando a mulher aceita fazer sexo oral, é como se ela aceitasse o homem por completo, como se estimulasse o que ele tem de mais precioso. Os homens apreciam diferentes formas de ser estimulados oralmente. Como sempre, pergunte-lhe como ele gosta de receber esse estímulo, e, se ele for do tipo que não fala muito, não se prenda a padrões rígidos – experimente várias formas de carícias com a língua, com a boca e, além disso, com as suas mãos.

Faça aquilo que sentir vontade e comece a perceber as reações do parceiro. Porém, tome cuidado com os dentes, pois, por menor que seja o contato, o atrito dos dentes contra o pênis causa grande desconforto para o homem. Pode acontecer de ele ejacular durante

o sexo oral. Alguns homens preferem e conseguem retardar esse momento, enquanto outros, não, e o fato de engolir o esperma pode ser um fator inibidor para a mulher. Se isso a desagrada, experimente antes provar um pouco do sêmen em suas mãos. A menos que o parceiro tenha algum problema urológico, ou que tenha ingerido temperos fortes, você notará que não tem sabor algum. O esperma é um dos líquidos mais puros do corpo humano e não há nada nele que o impeça de ser ingerido. Mas não se violente. Se já tentou e não conseguiu, simplesmente não o faça. Explique isso ao seu parceiro, mas de forma que ele não se sinta rejeitado. Uma ideia que pode ajudar é estimular seu parceiro oralmente, até próximo da ejaculação, e a partir daí terminar utilizando as mãos. No sexo oral, os testículos do homem também podem ser estimulados, usando por vezes os recursos que eu já mencionei, como mel, chantili, etc. Se você não gosta quando seu parceiro empurra sua cabeça em direção ao pênis dele, não o julgue nem o critique por isso. Explique-lhe gentilmente que não gosta. Ele faz assim porque, naquele momento, está precisando de uma estimulação mais intensa. Segure a base do pênis com a mão, pois, mesmo quando ele empurrar sua cabeça, sua mão bloqueará a ida do pênis até o fundo de sua garganta, evitando desconforto.

MASTURBAÇÃO

Vamos voltar um pouco a esse assunto. A masturbação pode ser feita não apenas pela própria pessoa isoladamente, mas também e

principalmente junto com o parceiro. Nem sempre é muito fácil para a mulher encontrar a melhor forma de tocar o homem para lhe proporcionar prazer, pois cada um sente esse prazer de modo diferenciado. A solução é que você pergunte como ele gosta de ser acariciado e que fique atenta às reações dele. Onde quer que esteja, porém, molhe sempre as mãos com saliva antes de começar a acariciar seu amado, pois essa é uma medida que torna a masturbação muito mais agradável para ambos, evitando desconforto para o pênis.

OBTENDO RESULTADOS

Não se sinta obrigada a obter resultados rígidos ou previstos, como: "Se eu o masturbar ou fizer sexo oral com ele, ou isso e aquilo, com certeza ele terá ereção, ejaculação e orgasmo". Esse não é o objetivo de tudo o que você está lendo neste livro. Não vá para a cama como se o órgão sexual masculino fosse uma máquina sempre pronta a responder previsivelmente de acordo com os mesmos botões a serem acionados. Além disso, a penetração é apenas uma parte, e não necessariamente o principal momento da relação sexual. Isso vale para você também. Nem toda relação implica que você vá ter um orgasmo.

Se deseja que isso ocorra todas as vezes, o prazer de fazer sexo vai se transformar na agonia de vencer uma olimpíada, até mesmo valendo nota, e o que é pior: o juiz será sempre você mesma. Permita-se aproveitar apenas o simples ato de fazer amor, permita-se viver

os momentos íntimos compartilhados, os encantos da sedução, as descobertas, e não tanto o resultado final. Isso é verdadeiro também para os homens: alguns são tão rápidos durante a relação, em busca do prazer final, que acabam passando direto pelos prazeres que poderiam encontrar no meio do caminho.

Ensine isso também ao seu marido. Um sexo maravilhoso não depende exclusivamente de procurar fórmulas de excitação. Essa busca é válida, mas não é tudo: o que realmente conta é o entendimento de que o sexo não é somente a penetração em si. O prazer do casal deve estar concentrado no fato de que estão juntos naquele momento, e o fator relevante não é o orgasmo, a ereção ou a penetração, mas a aproximação, o carinho, a delícia desse momento. O corpo todo é uma zona erógena. Isso porque a pele é a mais extensa de todas as zonas erógenas, é sensível e responde ao toque em qualquer ponto do corpo. Assim, não se concentre exclusivamente nos órgãos sexuais de seu parceiro – isso vale para ele também. O sexo mais bem aproveitado é aquele que é realizado sem premeditação alguma, isto é, o homem não se preocupa se vai ter uma ereção ou se vai conduzir a mulher ao orgasmo; a mulher não se preocupa em fazer com que o homem tenha ereção nem se vai fazer com que ele chegue ao orgasmo, nem tampouco se ela própria vai atingir esse ponto. Isso também vale para a excessiva preocupação em obter o gozo simultâneo, como se só esse fosse realmente bom. O melhor sexo é aquele realizado como sinônimo e manifestação de carinho, de descoberta mútua do corpo, ou como oportunidade para desfrutar um momento todo especial.

Assim, por exemplo, quando você faz carícias orais, não faça isso preocupada com o grau de flacidez ou de rigidez do órgão de seu parceiro nem fique se prendendo em pensar se ele poderá gozar ou não, ou no que possa acontecer. Faça apenas para sentir e desfrutar o momento. Faça simplesmente por ser prazeroso para você e como uma forma de mostrar afeição ao homem. Não se incomode durante o sexo para atingir resultados (tenho que beijar aqui para provocar ereção, tenho que acariciar ali para que ele fique excitado, etc.). Ao contrário, divirta-se (como é gostoso beijá-lo aqui, como é bom fazer carinho, etc.)

Em todos os momentos, ambos devem demonstrar afeição, e não urgência em atingir um ponto predeterminado de gozo final. Devem saber aproveitar aquele momento bom, sem pressa, sem regras, sem se prender a ideias estereotipadas.

QUINTO PASSO: ACRESCENTAR CARINHO AO SEU DIA A DIA

Muitas vezes ouvimos dizer que o clima de romance, com o tempo, perde a intensidade presente no início do relacionamento. De repente, o vazio fica tão grande que não sabemos como retornar às primeiras atitudes impulsivas de fazer surpresa com flores, declarações fora de hora, beijos calorosos e abraços longos e ardentes. Para nos desculparmos pela falta dessas manifestações apaixonadas, dizemos para nós mesmas: "Isso não é adequado", "O que o outro

vai pensar? ", "Um amor maduro e estabelecido não precisa disso", e assim por diante.

Nossas avós estavam certas em um ponto: o amor é uma plantinha que se rega todo dia, com carinho, tesão, atenção e romance. Chavão? Piegas? Pois eu descobri alguns segredos tão bons nesse chavão que me fazem querer permanecer piegas até o fim da vida. A intimidade, os momentos gostosos, os carinhos devem ser incorporados ao dia a dia como qualquer outra atitude, mas sem perder de vista o seguinte: devem ser incorporados de forma que nos deem prazer, e não porque temos que fazer, como uma obrigação. Assim, comece a mudar, partindo das atitudes mais simples.

Aquelas ideias de deliciosos bilhetes e telefonemas em momentos inesperados, dos recados escritos com batom no espelho e tudo o mais que sua imaginação e criatividade ousarem para manter o encanto e a magia estão valendo. Afinal, por que é que isso tudo, feito tão naturalmente no início, é deixado de lado depois ou é considerado mera tolice, em geral, a pretexto de termos "algo importante a fazer"?

Uma queixa que ouço frequentemente é: "Só eu tomo a iniciativa. Ele só se limita a receber. Eu também gostaria de ter essas atenções de vez em quando". Claro que você deve procurar ter tais atenções de vez em quando, mas lembre-se de que: primeiro, o homem não é tão criativo quanto a mulher; segundo, você ficará frustrada se fizer tudo pensando em ter um retorno imediato ou equivalente. O homem tem na mulher a guardiã de seu dia a dia, de suas coisas mais íntimas e até do próprio relacionamento. Uma

coisa não falha: a partir do momento em que nos tornamos indiferentes a esses aspectos, o relacionamento começa a morrer um pouco. O que quer que faça, portanto, deve ser feito porque deseja conservar o seu amado para si, mas principalmente porque isso é bom para você mesma, porque a torna mais feliz e mais feminina. Então, vem alguém e me diz: "Ainda não estou totalmente convencida... Meu marido mal nota minha presença, nunca fez nada dessas coisas e ainda por cima eu é que vou ter de paparicá-lo? Nada disso". Quando você se pega pensando assim, é útil fazer uma pausa e refletir por que está casada com esse homem. Se ele for um parceiro que não vale a pena de modo algum, está na hora de colocar essa união na balança. No entanto, se sentir que tem um bom relacionamento, tente explorar dentro de ambos as qualidades maravilhosas que deram início ao amor, mas que estão sufocadas pelas tensões da rotina. Ao incorporar carinho a essa rotina, estará reavivando nele e em si própria qualidades que apenas estavam adormecidas. Não se pode pretender aquilo que não se tem para dar. Se você se fechar, se fizer tudo com o propósito de obter um retorno exatamente igual, então não poderá perceber que, em outros aspectos, talvez ele esteja comunicando o quanto ama e aprecia seus cuidados. Acrescente sempre carinho, amor e sensualidade ao seu dia a dia, mostrando ao parceiro o prazer que sente quando ele se mostra receptivo a suas manifestações. Essa atitude reforça muito qualquer relação.

E aqui uma dica: valorize o seu bom-dia e o seu boa-noite. Um delicioso momento de amor ao anoitecer começa pelo bom-dia

VIDA SEXUAL

dado de manhã. Muitos casais, movidos pela correria das tarefas diárias, acabam mal se falando ou, quando o fazem, é apenas rapidamente e sobre problemas comuns. Quando a noite chega, desejam milagrosamente um sexo empolgante, excitante, envolvente. Mude tudo isso já, desde as primeiras horas do dia, colocando amor e carinho no seu bom-dia.

Valorize o beijo: não deixe que ele se transforme naquele beijinho rápido nos lábios ou no rosto (pior ainda) e nada mais. Sempre que sentir vontade, dê beijos molhados, de língua, carregados de sabor. Não existe tempo nem idade para isso.

Valorize as surpresas afetivas e sensuais: um bilhetinho deixado à mesa do café, por exemplo, pode conter uma deliciosa promessa ou insinuação para logo mais, à noite.

Valorize o elogio: toda vez que sentir vontade de elogiar algo em seu parceiro, seja o trabalho, a roupa, o perfume ou uma simples frase, faça-o. Não fique calada. Essa atitude não diminuirá você em nada, como pode pensar, mas certamente aumentará o afeto entre ambos.

Valorize o novo: incentive seu amor a experimentar coisas novas, como uma viagem, uma saída, uma carícia diferente na hora do amor.

Faça do quarto do casal um refúgio sensual e aconchegante.

O quarto é o lugar onde encontramos abrigo e descanso da luta diária. É também o lugar onde a maioria dos casais resolve questões e toma as decisões mais importantes para o dia seguinte. Portanto, dê uma olhada em seu quarto: em meio a tanta rotina, ele passa a

impressão de um lugar aconchegante, gostoso de se deixar ficar, eventualmente com um toque de sensualidade, ou é simplesmente mais um cômodo da casa onde se empilham livros, bicicletas, papagaios, caixas e outros objetos alheios e estranhos? Transforme seu quarto em um lugar charmoso. Tire de lá todos os objetos que dão a impressão de bagunça e crie um ambiente aconchegante e gostoso para você.

A VERDADEIRA SEDUÇÃO: OS CINCO SENTIDOS

As grandes amantes sabem que, para se tornarem inesquecíveis, devem se preocupar não apenas com o prazer físico do ato em si, mas também com a estimulação dos cinco sentidos. Se você gastar um tempo procurando ver o que poderia ser agradável para os dois, dedicar-se um tempo lendo e se informando para manter uma conversa agradável, e não para ficar falando apenas de problemas, casa, família e temas que não são oportunos para o momento do amor, terá descoberto um grande segredo.

1. VISÃO

Os homens reagem prontamente a um estímulo visual.

As roupas íntimas devem ser antes do seu agrado, para ser então do agrado de seu parceiro. Um vestido de tecido macio e gostoso, de uma cor que combine com o seu tipo, é também estimulante.

Ambiente

Quando quiser, seja onde for, crie o cenário de seus sonhos, transformando o local de amor numa atmosfera sensual e sedutora. Crie mensagens bonitas com flores, bilhetes, velas. Troque a luz comum do quarto por uma luz colorida ou ponha um lenço colorido sobre o abajur.

Striptease

"O *striptease* é um dos meios empregados pela mulher para tomar o poder e reinar sobre o universo" (François des Aulnoyes, 1958). Um *striptease* é, para o homem, uma atração inesperada, sensual e marcante. Além disso, o *strip* passa a ideia de que aquela mulher gosta de si própria, gosta do próprio corpo, o que, por si só, também é um fator muito excitante para o homem. É um meio de despertar o desejo, de provocar o parceiro, que, principalmente, sente-se homenageado.

Vamos agora conhecer alguns passos que realçarão seu *strip*.

Seu corpo

Nós já conversamos um pouco sobre o seu corpo. O que precisa ficar claro, porém, é que nada impede você de fazer um *strip* lindo e sensual, a não ser a sua mente e a sua acentuada autocrítica. Se você acredita que só aquela garota linda do comercial é capaz, se você se acha velha demais, nova demais, magra demais ou gorda demais, ou se tem alguma outra preocupação desse tipo, eu lhe digo: você está

perdendo um tempo precioso. Para todas as que vencem barreiras, o resultado é um momento lindo, sensual e que deixa quem assiste encantado e apaixonado.

Seu visual

Não é todo dia que você fará um *strip* para ele. Portanto, prepare--se para a ocasião, colocando uma roupa bonita e uma *lingerie* ousada e linda por baixo do vestuário – siga seu instinto, colocando peças com as quais você se sinta sensual e bonita. Capriche no cabelo, no perfume, enfim, produza-se para esse momento.

Cenário

Pode ser sua casa, o motel, um chalé à beira da praia ou qualquer lugar que sua imaginação apontar e você quiser. Lembre-se de pedir ao parceiro que se sente no local mais adequado, a fim de assistir melhor à sua *performance*.

Música

A música para um *strip* deve ser especial, podendo ser mais lenta ou até mais agitada. Tome cuidado, porém, com as músicas excessivamente românticas. Acima de tudo, a melhor música é aquela que toca você, de alguma forma, que a estimula a dançar ou que estimula sua sensualidade. Escolha previamente a melhor opção para o momento. Procure colocar para tocar, várias vezes, a música que você usará para o seu *strip*. Enquanto vai se familiarizando

VIDA SEXUAL

com ela, procure dançá-la, também várias vezes, sem se preocupar com um estilo estereotipado – procure sentir a música e dançá-la do seu jeito.

Movimentos

Quadril: o quadril é um dos pontos fortes do *strip*. Movimente-o sempre da maneira que desejar, mas dentro de uma constante. Pode levá-lo para os lados, para a frente ou para trás, em movimentos circulares.

Pés: seja qual for o movimento, mantenha os pés com a ponta direcionada para a frente, como os pés de uma bailarina.

Mãos: os movimentos com as mãos devem ser leves, sensuais. Suas mãos podem percorrer todo o corpo enquanto você executa os movimentos, pois isso torna o *strip* muito mais excitante e atraente.

Olhar: o olhar é muito importante. Se você fizer tudo certo, mas com um olhar vazio ou perdido, assustado ou indiferente, não obterá um efeito marcante e bonito. Já com um olhar direcionado para o parceiro – principalmente se você colocar nele segurança, paixão, desejo –, o resultado será indiscutivelmente melhor. Uma dica valiosa: você não precisa olhar diretamente nos olhos dele. Isso pode vir a inibi-la, sem contar o fato de que nós, mulheres, temos a tendência a tentar adivinhar o que o parceiro estaria pensando ou sentindo naquele momento. Assim, procure focalizar seu olhar um ponto acima da cabeça de seu parceiro… e não tente adivinhar o que ele possa estar pensando. Faça o *strip* porque é uma brincadeira,

um jogo erótico para ele e para você mesma. Não se preocupe com nada nem endureça os movimentos com demasiada tensão. Apenas divirta-se, divirta o seu amado e faça de seus olhos o reflexo da alma.

Gerais

Você pode usar cadeiras, pufes, sofás ou o que mais desejar a fim de poder sentar-se e levantar-se durante o seu *strip* – tudo com movimentos sensuais e bastante leves. Não existe uma ordem correta para tirar as peças de roupa. Observe apenas uma certa lógica, como, por exemplo, tirar primeiro o sapato, depois as meias, se as estiver usando. Mas, em geral, você tira as peças que quiser, na hora que quiser. Procure não olhar para as peças de roupa que for retirando. Como faz uma modelo de passarela, tire tudo olhando somente na direção do parceiro. Faça um jogo sedutor. Quando ele pensar que você vai tirar uma peça, engane-o um pouquinho e só a tire alguns segundos ou minutos depois. Nunca treine de maneira obsessiva, pois na hora você dificilmente fará tudo exatamente como treinou. No momento, porém, encare o *strip* como uma dança, mas com a diferença de que você estará tirando a roupa enquanto dança para ele. Entre no ambiente sentindo-se a mulher mais bonita e gostosa do mundo e vá em frente. Quando terminar o *strip*, você pode deitar-se sensualmente no chão, na cadeira ou no colo dele. Pode usar um belo chapéu que lhe agrade, uma echarpe, uma maquiagem diferente, enfim, use sempre a sua criatividade para encontrar os acessórios que a façam sentir-se bem. Ponha criatividade em tudo o que fizer na vida, inclusive em um *striptease*.

2. OLFATO

Para deixar o ambiente com aromas agradáveis, você pode espalhar flores, óleos aromáticos, velas perfumadas. No chuveiro ou na banheira, use sais de banho. Coloque um pouco de perfume sutil e diferente nas partes íntimas. Aromatize o ambiente, sem o deixar carregado demais. Troque também o seu perfume, de vez em quando. No tempo de Cleópatra, não havia aromatizadores artificiais de ambientes em *spray*, então, ela banhava pombas com águas de rosas ou outra flor que lhe agradasse e soltava-as dentro do recinto. Quando as pombas voavam, espalhavam perfume pelo aposento. Hoje não precisamos apelar para recursos tão extravagantes, mas o exemplo ilustra bem como uma mulher, quando quer ser criativa, pode ir longe. Cuidado apenas com os excessos, senão o que poderia ser estimulante pode se tornar intoxicante.

3. TATO

Tecidos macios, agradáveis ao tato, são muito sensuais. Lençóis fofinhos, gostosos de serem tocados, são extremamente sedutores. Um vestido cujo tecido não é tão macio, mas que pede para ser tocado, também é estimulante. Explore com o parceiro todas as sensações do toque. Façam massagens relaxantes ou sensuais um no outro. Explorem-se só com a boca, só com as pontas dos dedos, com plumas, com tecidos gostosos, etc. As variações e possibilidades são infinitas.

MASSAGEM SENSUAL

Necessitamos de carinho ainda no ventre materno, e, quando nascemos, o toque e o abraço são nosso primeiro contato com o mundo que nos rodeia. Não devemos deixar que o toque, durante os momentos de amor, resuma-se apenas ao relacionamento sexual. Se o único contato físico for o ato sexual em si, o casal não estará desfrutando de toda a intimidade necessária para manter viva a chama de uma relação prazerosa. Por mais agitada que a vida seja, se você reservar um tempo para massagear o parceiro e ensiná-lo a fazer o mesmo, acabarão descobrindo o poder do toque. Isso promove a renovação constante dos laços que unem o casal, possibilitando uma nova dimensão de prazer, de amor e de afeto. O toque é também uma poderosa forma de comunicação sem palavras, à qual a pele responde imediatamente. Quando você massageia alguém, não apenas o corpo é estimulado, mas há o envolvimento de infinitas sensações, sentimentos e emoções. Faça da massagem e do toque partes integrantes da vida a dois, seguindo, acima de tudo, a sua intuição e só deixando que a linguagem do coração prevaleça sempre.

4. AUDIÇÃO

Crie um clima romântico e sedutor, um clima suave e envolvente, por meio dos sons. Dancem juntinhos suas músicas preferidas. Diga-lhe frases picantes, ternas, sensuais e que o elogiem. Mas pense

também em sentir a delícia do silêncio. Se ambos tiveram um dia superagitado, em que ouviram sons de buzinas de carros, máquinas e aparelhos, ou muita gente em volta falando, o ideal é desligar tudo quando estiverem a sós – a TV, o rádio, o telefone – e deixar que a paz e a tranquilidade os envolvam, ouvindo apenas a respiração um do outro. Muitas vezes, é esse minuto de silêncio a dois que fica na lembrança e que faz com que vocês voltem a procurar o prazer de estarem juntos.

5. PALADAR

Vale a pena saber preparar um prato saboroso e especial para o seu homem. Você não precisa ser uma exímia *chef* de cozinha, mas, sem dúvida, ele apreciará muito o cuidado e o carinho com que você preparou uma refeição, mesmo que seja arroz com ovo. Arrume uma bandeja com frutas suculentas e sensuais e faça disso um momento divertido, em que um alimenta o outro. Esse ato cria intimidade. Espalhe sabores diferentes pelo corpo dele ou pelo seu próprio corpo: mel, chantili, o que preferirem. Em casas especializadas, existem calcinhas comestíveis com vários sabores. Tomem um sorvete juntos e deixem que ele percorra caminhos inusitados.

Meu recado

Enquanto escrevo as últimas linhas deste livro, pego-me pensativa querendo antecipar no que ele contribuirá para sua vida, minha querida leitora.

Será que escrevi pouco? Tenho tanto ainda a partilhar. Nesta hora uma sensação me invade: a de que valeu a pena, tenha eu falado pouco ou muito. Valeu a pena passar mensagens para que você possa repensar sua vida, seja no amor, seja no sexo, no trabalho ou no seu dia a dia.

Desejo a você que seja uma Mulher Diamante muito mais realizada do que foi até agora, e que todos os seus sonhos se tornem realidade com as bênçãos de Deus.

Adorei partilhar com você aqui, e até o meu último dia nesta Terra desejo continuar partilhando ensinamentos e coisas boas para você, onde quer que me encontre.

Super e imenso beijo.

Bora vencer!